Devoraciones

Devoraciones
Ensayos de período especial

María Elena Blanco

CONSEJO EDITORIAL

Luisa Campuzano Waldo Pérez Cino
Adriana Churampi Juan Carlos Quintero Herencia
Stephanie Decante José Ramón Ruisánchez
Gabriel Giorgi Julio Ramos
Gustavo Guerrero Enrico Mario Santí
Francisco Morán Nanne Timmer

© María Elena Blanco, 2016
© Almenara, 2016

www.almenarapress.com
info@almenarapress.com

Leiden, The Netherlands

ISBN 978-94-92260-01-7

Fotografía de cubierta: © W Pérez Cino, 2016

All rights reserved. Without limiting the rights under copyright reserved above, no part of this book may be reproduced, stored in or introduced into a retrieval system, or transmitted, in any form or by any means (electronic, mechanical, photocopying, recording or otherwise) without the written permission of both the copyright owner and the author of the book.

Devoraciones 9
De utopías y Cuba 27
Del lugar común 45
De déspotas e ilustrados (Kant, kynismo, Kuba) 61
Viaje por la vitrina vienesa de Vigía 81
Sueño cubano en África 97
Del exilio como período especial. Notas sobre una trayectoria barroca, andina, estructuralista, tropical 105
Bibliografía 139

*A mi padre, José María Blanco Barrios,
in memoriam*

Devoraciones

A Antonio José Ponte, por Las comidas profundas

El Apátrida tiene hambre de patria. De casa en su tierra, del aire que le arrancó el primer llanto. De su mar, si insular fuere como yo. Yo soy Apátrida. Así constaba en uno de mis primeros documentos de viaje que, aunque efímero, ha expresado en definitiva mejor que ningún otro, en ese momento y desde entonces, mi verdadera condición nacional. Que ello se tome sin dramatismo alguno. Un golpe inesperado, lo fue sin duda para la que dio el documento al funcionario de un civilizado país de Europa al descender allí, los libros bajo el brazo: *apátrida*, tradujo él mirándola avizor (era la guerra fría). Mas al poco tiempo un flamante pasaporte federal se ofrecería para compensar con creces cualquier inconveniente previo. No obstante, aquello estaba dicho y la palabra repercutiría intermitentemente como un gong en sus meninges. Luego habría otros gestos, de obra y de palabra, digeridos y excretados.

En su ensayo, Ponte se declara carente de comidas y poseedor de metáforas —esos «castillos en España» que erige su escritura— y a continuación nos depara un banquete virtual de siete platos en el que sirve, entre otros, a Carlos V (y una piña), a Silvestre de Balboa (y una jicotea), a un Samurai (y una calabaza), a Bertrand Russell (y un albaricoque), a la Marquesa de Mont-Roig (y unas raíces), a Apollinaire (y unos zapatos) y a anónimos habitantes hambreados de La Habana (y una frazada de piso). Estos manjares parentéticos, ausentes de todo recipiente como la flor de Mallarmé o tan difíciles de ingerir que en ello se va la vida, son, según el caso, objeto de un deseo voraz o sujeto de una clara atracción para la víctima que quiere poseer o ser poseída. Creo no pecar de corta ni perezosa si, a mi vez, a tales privados de alimentos los bautizo *Famélicos,* con sazón criolla y sin la mala leche de aquel guardafrontera hostil.

En mi mesa las comidas no son de hule como en la de Ponte, no están impresas en el mantel. Es una mesa con una superficie y cuatro patas hecha en algún rincón del imperio austro-húngaro; habrá olido a bosque en su día, mas la calefacción ha resecado sus savias naturales y ahora no huele a nada. Mi castillo en España es una casa postiza en tierra doblemente prestada, tierra que fue de moros, tierra de olivos, almendros y naranjos. Están –comidas, casa– donde el sol de Cuba no me alcanza, bajo el cual ya no tendré una profesión o descendencia que prolongue mi nombre cubano, un techo o una tumba.

Pero por más que coma, bien o mal, el Apátrida adolece de un hambre insaciable. No es que falte bocado. Su hambre, al no ser apetito sino apetencia, no depende de la abundancia o escasez de comida; es, pues, hambre de contenido distinto y aparentemente inverso a la del Famélico, pero de semejante signo estructural. Nadie se engañe, son palabras violentas: Famélico, Apátrida. No casuales ni, sobre todo, hipócritas: estamos más allá del eufemismo, por suerte. La literatura universal se ha encargado de dar derecho de ciudadanía a tales personajes –léanse, emblemáticos, el *Lazarillo*, Kafka–. Por tanto, al amparo de esa larga y excelsa tradición, nombro al Apátrida y al Famélico categorías simbólicas y personajes literarios de esta ficción ensayístico-poética.

El Apátrida posee una mesa llena en un vacío de patria. El Famélico, en su Isla, frutas pintadas en la mesa. Ambos escriben de lo que no tienen y al hacerlo, escriben también de lo que tienen, de cómo lo tienen y a quién lo dan. Sarduy, ese otro Apátrida *avant la lettre*, lo dijo: «Escribir es apoderarse de lo dable y de sus exclusiones» (1969: 86). Así pues, ciertos Apátridas pintan, no sobre el mantel sino en el lienzo, el fruto prohibido, como las frutabombas de Ramón[1], que inspiraron a Sarduy una décima:

> Qué bien hiciste, Ramón,
> «en pintar una papaya,
> de ese color y esa talla,
> con técnica perfección...» (Sarduy 1993: 83)

---

[1] Ramón Alejandro, pintor cubano.

y a un tal Caín, Apátrida *honoris causa*, un sabroso prólogo titulado *¡Vaya papaya!* (Cabrera Infante 1992), aunque es muy posible que estos veteranos de la diáspora no hayan probado una frutabomba en muchos años.

Me ha faltado la dudosa delicadeza de Carlos V, quien se abstuvo de gustar la piña ofrecida a su real apetito por temor a ser presa de un embrujo que inevitablemente se convertiría en carencia, y he sucumbido a ese «placer que bordea el dolor por la fiereza y locura de su goce» (Ponte 1997: 10). Mi piña es Cuba, la carne de Cuba, y ella impera sobre mi espíritu; mas sólo he conseguido una ración de Apátrida, hueca, roída por el tiempo y la distancia. Mi primer libro acusa posesiones pero insiste en potenciar la pérdida: Cuba, en consecuencia, lo abre y desaparece discreta tras un velo de humo. El segundo, empeñado en asir una quimera, pone el corazón sobre la tierra y se restriega los ojos para reinventar lo perdido[2]. Puras palabras.

Para el Famélico «llega el momento en que un albaricoque no puede comerse inocentemente» (Ponte 1997: 15-16). En efecto, antes de comerse, o en vez de comerse, como procedimiento dilatorio es aconsejable recurrir a la etimología, o incluso a la mayéutica. El Apátrida, algo versado en curiosidades histórico-idiomáticas ajenas, aporta el dato –que habría gustado al Sacro Emperador– de que en sus tierras de Austria al albaricoque, de raíz claramente arábiga pese a lo que diga el precoz Bertrand Russell, se dio en llamar *Marille* por su hispánico color de gualda, nombre que conserva hasta hoy día. Y en Chile, corroborando su procedencia mora, se le llama *damasco*, que el Apátrida confunde invariablemente con *marruecos*, mote que en ese peculiar país se da a la portañuela. Tales digresiones, bien llevadas, pueden amainar el apetito, o al menos distraerlo. El Apátrida, acostumbrado en cambio a atacar el plato incontinenti, afirma que en su caso tampoco puede un cuadro mirarse, un país visitarse, un libro escribirse, ni mucho menos un albaricoque aceptarse u ofrecerse inocentemente, so pena de ser tachado, entre otras cosas, de amarillo o de castaño oscuro.

---

[2] Me refiero respectivamente a *Posesión por pérdida* (1990, Santiago de Chile: Libra; Sevilla: Barro) y a *Corazón sobre la tierra/tierra en los ojos* (1998, Matanzas: Vigía).

Sospecho que tanto para el Apátrida como para el Famélico la cocina cubana, en cuanto coordenada física, suele ser un no lugar, una utopía; como proposición o actividad (frecuentemente especulativa), una aporía; como dimensión psicolingüística, un lapsus o un chiste. La cocina de mis abuelos en La Víbora, espacio idílico si lo hubo, utópico si lo hay, ámbito de un constante quehacer armónico y generoso y pleno de sentido, ha sido con el tiempo elevada en mi estimativa a la categoría de mito. Ponte, por su parte, idealiza aquellos platos odiados en la infancia, añorados hoy. Ambos tenemos la nostalgia de unas gentiles *vacas gordas*, de una edad de oro irrepetible. El mito, como es sabido, no llena la barriga, pero tiene la virtud de llenar hasta ponerla morada la pradera albísima de la hoja de papel.

La mesa del Famélico, lisa de manjares y etiqueta, huele a luz caliente, a aire de mar y, cuando va a llover, a *aire de agua*. Su misma disponibilidad febril la hace propicia a la inspiración, como la página en blanco, soporte de escritura, y conduce al Famélico a un cierto estado de ascetismo saludable. Le facilita el arduo oficio de pensar. Lo empuja hacia el tortuoso camino de la retórica. Agudiza y aceita su manejo del *arte de ingenio*. Dice Ponte que comer es siempre metaforizar. De hecho, puntualizo, *todo* carecer o desear nos lleva a dar el salto metafórico o el corte metonímico.

En una nota culinaria del *New York Times Magazine* de 27 de enero de 1985 titulada *The Cuban Connection*, uno entre múltiples recortes de mi papelería insertado en mi ejemplar pirata de *Cocina al minuto* de Nitza Villapol, el conocido *chef* y gastrónomo Craig Claiborne se pregunta si no fue por influjo del potaje cubano de frijoles negros (o quizá, se me ocurre, de nuestros moros y cristianos) que el plato de frijoles colorados con arroz al estilo de Louisiana, una de las comidas de su niñez, llegó a la mesa sureña de los Estados Unidos. Por si las moscas, Craig proporciona ambas recetas y funda su intuición en el principio clásico de que las cocinas francesa, española y africana forman la base de la llamada *soul food*: comida para el alma (suponiéndose que el nexo cubano procede como derivación de las vertientes ibérica y negra). Por su parte, Ponte cita oportunamente otro tipo de comida para el alma más asequible al Famélico, la del taoísta, que tal vez por afán de novedad o espíritu de contradicción me resulta más tentadora que los frijoles (sin esperanza, empero, de consumación ni consumo, salvo como poesía pura): «un poco de rocío, un pedazo de nube, algún celaje, arcoiris» (Ponte 1997: 31).

Investigo el binomio anorexia/bulimia, pienso que hay algo ahí que tiene que ver con todo esto. Es posible que al Famélico el hambre inmemorial le haga a la larga perder el apetito y refugiarse en la apetencia anoréxica de saberes cada vez más sofisticados, en la insaciabilidad afectiva, en la insociabilidad meditativa o arisca. Y que la prolongada causa material de esa hambre le haya hecho perder asimismo la memoria culinaria, olvidar, pese al roce cotidiano con la fauna y la flora tropicales, el punto de las yemas dobles, el picor dulzón de un enchilado, la clave cremosa del boniatillo: le haya hecho caer en la reducción al absurdo del rito gastronómico o en la repetición *ad nauseam*, si acaso, del arroz con frijoles.

El Apátrida, en cambio, sometido a una incesante deriva por el mundo, tiende a la acumulación y al preciosismo en la alimentación y, cual bulímico, caprichoso, prueba y deja un manjar por el siguiente, salta de un continente culinario a otro sin solución de continuidad, en un frenético vaivén en pos de la exquisitez suprema que a menudo no cabe calificar sino de esnobismo. Pero como la suya es memoria adquisidora, agregativa, en contraste con la memoria olvidadiza –*malgré lui*– del Famélico, y como nada ágilmente en la espesura de la oferta, se apodera también de la vieja tradición del ajiaco, la incorpora en masa a fin de compensar la lejanía y el ya desvanecido aroma de la piña y, de paso, la aúpa al rango de cocina *gourmet* para amadores de lo exótico. Como digo el ajiaco, digo la ropavieja o el tamal en cazuela, que en su versión *nouvelle cuisine* susceptible de figurar en restaurantes apátridas como Patria o Yucca vendrían a ser *julienne de falda real al pimiento morrón à la havanaise* y *mousse granulée de maíz tierno aux carreaux de cerdo créole*, respectivamente. Y, por supuesto, digo el arroz con frijoles.

El Famélico observará que esa incorporación es posible gracias a un par de actos heroicos, que también los hay por aquí fuera. De un lado, a un acto de piratería editorial nada raro en la Isla pero muy mal visto en las tierras de nadie del Apátrida. Y de otro, a la opulenta memoria transgeneracional de una familia de ex tabacaleros pinareños y de su cocinera, evocada por una hija que si no es Apátrida merecería serlo. Este otro libro, tan bueno como aquél de Nitza, se llama, con absoluta propiedad, *Memories of a Cuban Kitchen* (Urrutia Randelman & Schwartz 1992). Botín pirata o tesoro mnemótico, el Libro demuestra ser, una vez más, vial y vehículo del deseo.

La carencia, ya sea de contenido o de contexto, de comida o de luces, redunda en tropo: metáfora o metonimia, que Lacan (1970: 63-124) compara a los procesos de condensación o desplazamiento en el lenguaje del sueño. *Comerse un cable* y *comer basura* dependen de un mismo procedimiento, metafóricamente hablando; *comer gofio* (batido de) y *comer catibía* (buñuelos de), metonimias obsoletas en la era del *shopping*, remedan el doble arcaísmo de comerse una frita en El Recodo del Malecón (objeto masticable y sitio de interés arqueológico cuya rehabilitación se impondrá como tarea urgente al tercer milenio). Los Famélicos de Apollinaire que trae, literalmente, a colación Ponte (1997: 25-28) van más lejos, recurren a una figura extrema, la sinécdoque: se comen el zapato en vez de hincarle el diente a su dueña. Resumiendo, tenemos: una imagen sobre otra, una parte por otra, la parte por el todo; superposición, sustitución y elipsis. Ni más ni menos, hitos de la trastocada cocina cubana.

El Apátrida abunda en esta idea. La versión insular de la comida para el alma, comida-confort o comida hogareña, asociada siempre con la más tierna edad y el nido (o nudo) familiar, constituye una superposición de tres categorías que arbitrariamente decide ilustrar con el fufú de plátano, el guarapo y los churros: allí, como bien intuyó el *chef* Claiborne y mucho antes el etnólogo Fernando Ortiz, en el tupido telar de fibras africanas, criollas y españolas, vislumbramos también la abigarrada composición de nuestra cultura culinaria. En esa *summa* pugnan, y así lo ha visto el autor de *Las comidas profundas*, los alimentos solares y sombríos (1997: 31), claves complementarias del comer/ser cubano: la ufana o frívola efusividad y «esa parte oscura y siniestra que no sabemos qué cosa es, de dónde viene, pero en la que uno fácilmente cae, un desorden de algún modo espiritual» (Triana 1997: 41) en el que ha hurgado hondo el Apátrida *cum laude* que lo dice, dramaturgo y poeta.

El Famélico, consabido ratón de biblioteca, ha encontrado, en su carrera loca tras algún sucedáneo alimentario, la edición *princeps* de un insólito manual anónimo: *El Cocinero de los Enfermos Convalecientes y Desganados. Arte de preparar varios caldos, atoles, sopas, jaleas, gelatinas, ollas, agiacos, frituras, azados, &c. Dulces, pastas, cremas, pudines, masas, pasteles, &c. Dedicado a las madres de familias, arreglado todo al gusto de la Isla de Cuba*, fechado en La Habana, Imprenta y Librería La Cubana, Calle de O'Reilly núm. 52, año de 1862. El Famélico devora ansioso esas recetas consignadas con auténtica compasión cristiano-budista y, selectivo, retiene de preferencia las siguientes: *Caldo de enfermo grave, Estofado de tierra-dentro, Buñuelos de viento, Matahambre a lo quiero repetir*. Al menos por su nombre, estos platos parecerían ser de índole afín a los de aquellos recetarios europeos de *período especial* o a las sutiles raciones supletorias de reciente confección habanera que cita Ponte, como unas hamburguesas aderezadas con picadillo cítrico o textil.

En el plano subliminal, el fufú nos habla de un sueño, de una baudelairiana *vida anterior:* en la indolente, la vibrante África, o en la edénica Cuba; nos habla al mismo tiempo de una pesadilla: nuestras esclavitudes, nuestros exilios, nuestra aberrante desmembración. El Apátrida, súbitamente sumido en dulce duermevela, recuerda que ha saboreado sobre el terreno, bajo diversos nombres, las fuentes del fufú (*mfufu; faba;* y en preparaciones análogas, *tatale; ndizi; matoke*), así como del quimbombó o bombó cubano (véase Pichardo 1985), quimbo o quingo al vago decir de Coromines (1981): voz bantú, que a ritmo de tema y variaciones se declina también como guingambó o quingombó puertorriqueño (Aboy Valldejúli 1979: 204-205), gumbo de Nueva Orleans (Claiborne & Franey 1984), molondrón o bolondrón de Santo Domingo (Lambert Ortiz 1985: 233), y por último, del elemental y cubanísimo plato de harina (*ugali; sima*): especialidades caseras de sendas latitudes –caribeña, africana– en las que se concentra cual apretado beso la alta ciencia del mimo. Arrullado por esos olores y sabores primordiales, el Apátrida cae de un brinco en la infancia, donde se queda fantaseando un buen rato.

Entretanto, el Famélico constata preocupado que esa pequeña mina de la *bonne chère* decimonónica es asaz engañosa, pues bajo escuálidos títulos esconde un prurito de calidad y abundancia sólo concebible a la luz de una mentalidad alimentaria peninsular y ultramarina, que ironizaba con histriónica perfección mi abuela cuando, uno a uno, los hambrientos de la casa desfilaban a cualquier hora del día o de la noche por su despensa en pos de algún antojillo o tentempié: *¡Que esto no es España, caballeros!*, decía con tono de leve exasperación. Pero, ironía aparte, yo pisé alguna vez esos templos secretamente oscuros de la Habana Vieja, por la calle Muralla o vías aledañas hacia el puerto: des(a)lumbramiento sólo comparable al de mi primera entrada en la iglesia del jorobado de París o en la del Ángel de la jiribilla, jamones de pata negra por fulgurantes lágrimas de cristal y altos mostradores de maciza caoba a guisa de áureo tabernáculo.

El Apátrida pasa a considerar el guarapo, híbrido y central, seña de apego inconsciente a recónditas raíces telúricas, extraído de una trituradora en la que prima el contacto sensual y generalmente sucio de la caña con la mano: popular, servido en puesto improvisado bajo toldos o soportales, evoca hoy para el Apátrida las periódicas excursiones escolares al Central Hershey y la extraña familiaridad de aquellos nombres en inglés coronando las sedes de la riqueza nacional. Al tiempo que es cubano hasta la médula, pues deriva de nuestro más codiciado bien aunque ya no sea sino acervo simbólico –el azúcar–, el guarapo participa de modo complejo e insospechado en las dos vertientes fundacionales y las supera y resume en una *Aufhebung* criolla. La RAE lo define como «jugo de la caña dulce exprimida...; bebida fermentada hecha con este jugo». Fernando Ortiz, siguiendo a otros eruditos, sugiere que proviene de *garapa* (zumo de maíz o yuca oriundo de Angola y el Congo), palabra derivada de la voz portuguesa *xarope* y de la española *jarabe*, que a su vez vienen del árabe *xarab*, bebida. Estamos, concluye Ortiz, ante «una genealogía etimológica de zigzag: del árabe al español y portugués, de éstos al congo, y del congo otra vez al español y portugués de las colonias» (1985: 278). Para los entendidos en flamenco, algo así como los cantes de ida y vuelta.

Redondeando su idea, el Apátrida invoca los churros, cifra del talante español fiestero y remolón que heredamos, manjar de esquina o feria, de desayuno, merienda o fin de juerga al filo de la madrugada. La Academia, con ese estilo de boca llena que la caracteriza, dice en su primera acepción: «churro: *fruta* de sartén, de la misma masa que se emplea para los buñuelos y de forma cilíndrica estrecha». (¿Y qué serán los buñuelos?

se preguntará algún incauto que consulte ese diccionario laberíntico de remisiones infinitas.) Así es que fruta… Y nos asegura María Moliner, en su propio recetario del uso del idioma, que el churro se fríe «generalmente con las puntas unidas», redondo como albaricoque o serpiente enroscada, o a la usanza de mi churrero de Carmen y Felipe Poey, en forma de ocho, doble círculo o elipse. Sin embargo, por muy de puertas afuera que sean, los churros también han solazado al Apátrida provisto del utensilio *ad hoc* en lo más profundo de su hogar en lontananza, junto a un tazón de chocolate caliente, tras departir sobre lo humano y lo divino con otros Apátridas, Famélicos o Bárbaros de varia especie. Unánimes y unificadoras, deleite de moros, cristianos, chinos y judíos *del país*, estas comidas-tótem como el fufú, el guarapo y los churros son metáforas de la íntima Cuba culinaria, la que habla al oído de chiviricos, congrí y torticas de Morón.

El Famélico, siguiendo el previsor ejemplo de Carlos V, se cuida de detenerse demasiado en ciertas recetas, pues reza el prólogo de aquella obrita[3] que «hay alimentos que restauran las fuerzas de tal modo, que producen un Sansón de un decadente ó desfallecido». Lo que sería de hecho contraproducente si luego no se pudiera volver a «deborar como un Eleogábalo». La paradoja de la piña ha surtido fruto –valga la redundancia– y el Famélico parece condenado por un nefasto círculo vicioso a ser, hasta otro día, famélico. Así pues, busca y rebusca en insondados fondos bibliotecarios otras páginas devorables que refrenen su hambre, retrocede más aun en el tiempo, llega al siglo de las luces. Allí es recompensado regiamente su esfuerzo: un libro, el tratado en la materia, *La Physiologie du goût, ou Méditations de gastronomie transcendante, ouvrage théorique, historique et à l'ordre du jour* de Jean-Anthelme Brillat-Savarin (1755-1826), sucesivamente Ciudadano de la República, exiliado político y *Chevalier de l'Empire*, condecorado en 1808 de la mano de otro Emperador por su recia conducta a la hora álgida de la Revolución.

Como oleadas sustitutivas que parecían amenazar la cubanidad del yantar –cuenta el Apátrida– llegaron del Norte los *perros calientes*, el

---

[3] Anónimo (1862): *El Cocinero de los Enfermos Convalecientes y Desganados.* La Habana: Imp. La Cubana.

pickin' chicken, la *pizza* (del Norte, sí, como la *soda* y el *sundae*, por conducto del *Tencén*[4]), el *Kitchen Bouquet* y los polvos *Royal*, junto con los útiles indispensables según la mismísima Nitza, camaleónica ella: la *Osterizer* (de donde el verbo *osterizar: osterice* los huevos, póngalos en...), el molde *Pyrex*, la plancha para *waffles*, el sartén de *pancakes*. Comidas y *gadgets* que también algo indicaban, como bien sabe o debería saber el Famélico, sobre clases sociales, propiedad de los medios de producción, consumismo, alienación cultural. A la vez, eran signos aparentes de modernidad y progreso, de afluencia, y muchos los ostentaban con un orgullo que se confundía con el orgullo patrio. *Estamos más adelantados que el resto de Latinoamérica*, decían. ¡Cómo no! Isla prodigio con ínfulas de grandeza. Hoy la sustitución es intrínseca, no importada. Gato por liebre. Ojo por diente, diente de león por ojo de la cara. Todo tiene su precio.

Agotado por tanta actividad, el Famélico se entrega a los brazos de Morfeo. El tiempo es todo suyo: se lo legaron Eliseo en su «Testamento» (Diego 1993: 80) y la racha del dólar. *Una tacita de té flojo, una siesta y resuelvo el enigma del almuerzo*, calcula. Pero unos sueños atroces hostigan su reposo. Gatos, un gato, el gato: mascota de la cuadra, pionero, compañero de ayunos, lo mira fijamente con ojos de oro mientras clava el colmillo (¿quién a quién?), le escuece el retintín de la saga bramánica que glosa Ponte: «el alimento que el hombre coma en este mundo lo comerá a él en el otro» (1997: 44), razón de más para declararse inapetente o santo. Un gato que se trae o se lleva la parte del león, un gato engatusado guisado o aguzado por la debilidad, un gato de lo más asimilable al león, digo, al lechón de la foto –cruel– de la Nochebuena en Miami, ésa que mandaron los tíos. Tras batallar contra unos pozos de petróleo, el Famélico parece al fin sosegarse. Con respiración ya apenas audible, planifica el hurto de secretas *Delikatessen*, según él al mero alcance de la mano: hurga, araña ¿pero dónde? De pronto se estremece, como pujando por levantarse. Y el rostro beatífico ahora: a las rocas de Bacuranao, a los mangles de Boca Ciega, al agüita espumosa del río Tarará. Ostiones, cangrejitos de tierra,

---

[4] W. W. Woolworth & Company, tienda de La Habana precomunista llamada popularmente «el Tencén», del inglés *ten cents*.

caracoles. Ancas de rana, algas del Mar de los Sargazos. *Todo para mí, que aquí la gente no sabe lo que es bueno...*

El Apátrida asegura que hace tiempo compró a un *bouquiniste* el mentado libro de Brillat-Savarin[5] y se empeña en rescatarlo del fondo de sus estanterías. Cree recordar que en él se hablaba de cosas insólitas para una obra de... *¿fisiología del gusto?* ¿o filosofía de la nutrición, historia razonada de las costumbres culinarias desde la antigüedad hasta el romanticismo, anécdotas del Terror, teoría de los sueños, reflexión escatológica sobre la muerte y la última revolución sublunar, o psicología del exiliado? Al hojearlo, las páginas resecas se van despegando de su lomo al par que ondean de derecha a izquierda y revelan, volátiles, los secretos del *Grand Gourmand:* propiedades eróticas de las trufas; locura de las españolas de Indias por el chocolate, degustado hasta en misa y en cuaresma y llevado a Francia por Ana de Austria, hija de Felipe II y consorte de Luis XIII; efecto de la buena mesa en la armonía conyugal; dieta rica en lípidos para flacas, catastro de manjares curiosos y sus procedencias (como el albaricoque *de Armenia*); esfera de influencia y culto de Gasterea, la décima Musa; industriosidad e industria gastronómicas de los emigrados; poesía dionisíaca; memorias de exilio; privaciones (como la ejemplar de Carlos V y la piña); y lista de abastecedores favoritos de la zona parisina. De todo ello, el Apátrida retiene algo sobre la naturaleza humana, a saber, «que el hombre nunca puede ser completamente feliz mientras su paladar no sea saciado, y que esta necesidad imperiosa ha llegado a dominar incluso la gramática, a tal punto que para expresar la perfección en cualquier cosa se dice que se ha hecho con *gusto*»; y algo sobre la invasión de los bárbaros (del Norte, entre otros), cuya irrupción sumió el hasta entonces glorioso avance de la gastronomía desde Grecia y Roma en siglos de tinieblas: «el arte culinaria se esfumó, junto con todas las ciencias a las que brindaba compañía y consuelo».

Así pues, continúa el Apátrida, tras toda esta historia de superposiciones y sustituciones se ha llegado a la fase elíptica, cimentada en

---

[5] Jean-Anthelme Brillat-Savarin (1826): *Physiologie du goût, ou Méditations de gastronomie transcendante; ouvrage théorique, historique et à l'ordre du jour, dédié aux gastronomes parisiens, par un professeur, membre de plusieurs sociétés littéraires et savantes*. Paris: Garnier.

aquella altisonante figura, la sinécdoque: *pars pro toto*. Una fracción de vida por la vida. Justamente, hablando de jineteras, Reynaldo Escobar, escritor camagüeyano, pone sobre el tapete (de la mesa) un bombón de argumento, aplicable a todo Famélico y a todo régimen que lo no-sustenta: «El hambre es también un problema cultural. No sólo se pasa hambre cuando se llega al nivel de inanición de un náufrago abandonado sobre una roca estéril. Hambre es también no poder elegir los alimentos, no poder condimentarlos a nuestro gusto, no tener una dieta balanceada. Pero además, las necesidades humanas no son sólo digestivas. Una persona necesita asearse, vestirse, rodearse de objetos útiles. Renunciar al consumismo no significa volverse un anacoreta. Pretender comprar un ventilador cuando se vive en una habitación sin ventanas no es un acto consumista» (Escobar 1997: 67). El Cocinero del xix y el *Connoisseur* del siglo de las luces, vigentes como nunca y opuestos por principio a cualquier forma de imposición o dependencia, amiga o enemiga, que menoscabe la alacena doméstica, no podrían estar más de acuerdo.

Filósofo en la cocina, Brillat-Savarin deslumbra al Famélico. Ante todo, el autor de las *meditaciones de gastronomía trascendente* lo sorprende con ciertas nociones bastante inmanentes de seguridad nacional, civilidad, economía política, biología y condición gastro-socio-genérica del escritor. A nadie se le había ocurrido en la Isla, como a este auténtico pensador, que una raza vegetariana (o desnutrida, que a su juicio es lo mismo) sería fácilmente subyugada (en todos los posibles sentidos de la palabra, digo yo) por un ejército carnívoro. Luego, ésta era verdaderamente una cuestión de supervivencia. Nadie había insinuado jamás que el buen comer es uno de los vínculos fundamentales de la sociedad, que gracias al sentimiento de bienestar y al trabajo que crea hace más por la unidad y solidaridad de un pueblo que todas las medidas imaginables de expropiación y equiparación de bienes. No sólo proporciona ese engrudo interno, sino el nexo común que enlaza a las naciones en un intercambio fructífero e imprescindible para proveer y proveerse de lo que a unas falta y a otras sobra. ¡El buen comer —y no la lucha de clases— era, en suma, el motor de la Historia! Este Brillat-Savarin empieza a parecerle subversivo al Famélico.

La alusión al siglo de las luces recuerda al Apátrida un pasaje de una tocaya, la novela de Carpentier, en el que Sofía se esmera por ofrecer a Esteban, que regresa del viejo continente tras una larga ausencia del suelo natal, una opípara cena concebida para quien «por tanto haber vivido en Europa debía tener el paladar tremendamente aguzado en la ponderación de lo exquisito». Esteban, sin embargo, confiesa que «acaso por su urgencia de acomodarse, durante meses, con los pimentones, bacalaos y pilpiles de la comida vasca, […] se había aficionado a los manjares agrestes y marineros, prefiriendo el sabor de las materias cabales al de lo que llamaba, con marcado menosprecio por las salsas, *comidas fangosas…*» (Carpentier 1962: 220-221). En resumidas cuentas, que ansía comer boniato, lechón y plátanos verdes fritos. «Me he matado toda la tarde estudiando libros de cocina, para esto», le espeta Sofía, como haría merecidamente cualquier anfitriona a semejante majadero. Pero en justa descarga de Esteban, no deja de ser síntoma, esa *urgencia de acomodarse*, del hambre existencial del exiliado: insatisfecha siempre en el regreso fugaz, no sólo a las comidas, sino a la tierra y a los seres dejados: Esteban, «que tanto había soñado con [ese] instante […], no sentía la emoción esperada. Todo lo conocido […] le era como ajeno, sin que su persona volviese a establecer un contacto con las cosas» (Carpentier 1962: 215). Esa hambre de identidad y de pertenencia del Apátrida…

Ducho gastroenterólogo, Brillat-Savarin sostiene que el conocedor goloso (no así el glotón) es más longevo y duerme mejor, tiene sueños más vívidos, si bien en las etapas tempranas de la digestión es peligroso ejercitar la mente y mucho más dañino aun ejercitar la carne. Por otra parte, el escritor, que en un medio gastronómicamente propicio es altamente cotizado –y hasta seducido *à table*– por su exacerbada y a veces perversa imaginación, elige su género (literario) en función de un idiosincrático ritmo intestinal: los poetas cómicos suelen ser periódicos, los poetas trágicos, constipados; y los poetas pastorales y elegíacos, laxos. El Famélico se extraña de que a éste y otros respectos el francés no haya apreciado la bondad del guarapo, que califica de «líquido insípido y desechable», pero conviene –vicariamente, *hélas!*– en que de todas las artes la culinaria es sin duda la que más ha hecho avanzar la civilización.

El Apátrida despierta sobresaltado con la pesadilla entre los labios, yace en la cama frente a la puerta blanca de la *huelga* calle en estado *atentado* de alerta tiene sed como haciendo guardia es de día estaba escrito *bomba* en el guión tratan de entrar *al suelo tiroteo* empuja *paloma de la paz* con el cuerpo la reja *hoy vienen a almorzar los guajiros* logra de golpe una *reforma* abertura hace sol en que *defensa* se traba una cartera de mujer pide un guarapo *intervenido* a gritos pero el que entra es hombre *nos lleva al aeropuerto* corre al colegio que ya llegan [guión: sueño de persecución centrífuga] *le quitan el anillo de bodas* le cortan un mechón vomita [guión: sueño de expulsión] *no mires hacia atrás* la enfermería no es nada *sus carteras a ver* [sueño de asunción] *pueden salir* [de una odisea] *abróchense el cinturón* [de una catarsis] *la máscara de oxígeno* que pugna por abrirse paso *en caso de aterrizaje en mar* fluir *el comandante informa* qué habrán sentido ellos *que por razones técnicas* se atraca de comida engulle los platos intactos de vecinos exánimes *invertir nuestro rumbo* de vecinos histéricos *volvemos a La Habana...* El Apátrida, empachado y confuso, se incorpora con dificultad, lo achaca todo al siglo de las luces, al color del verano, a las palabras, la ciudad, las comidas perdidas...

El Famélico, sugiere Ponte, se alimenta también de incorporaciones sexuales —otra táctica desviacionista y de las más llenadoras—, acotando a continuación que la palabra *incorporar*, al ser empleada por Lezama como «sinónimo de amar y de comer, debió parecer un raro, caprichoso uso lingüístico en los años en que escribía *Oppiano Licario*, una voluta más de su barroquismo» pues «en la Cuba de los años setenta incorporarse no podía ser otra cosa que volverse sumando de organizaciones políticas, entrar a la obligatoriedad del servicio militar o marchar a cortes de caña» (Ponte 1997: 21). Cabe precisar, sin embargo, que en este universo transpuesto en que se mueven nuestros personajes es el sutil erotismo lo que mejor sienta y satisface al ansia de auténticos Famélicos y Apátridas, cuya máxima expresión hallamos, sin ir más lejos, en el magno edificio erigido por el propio Lezama en vida y obra. Se trata, aquí también, de advertir la diferencia que señala Brillat-Savarin entre el glotón y el *gourmand*, así como las condiciones que exige lo segundo: delicadeza orgánica (que no excluye la obesidad noble, como la del príncipe de Trocadero) y poder de concentración (por cierto ausente en el desaforado –y editorialmente rentable– *templar* puesto de moda en el mercado por ciertas plumas que no son ni chicha ni limonada). El melindroso banquete lezamiano es acto erótico por excelencia, y las posesiones de *Paradiso* encarnan con prolija selectividad la devoración *gourmande*.

Atendiendo a una petición del Famélico, siempre ávido de datos curiosos, Sarduy nos instruye desde el cielo sobre la elipse, figura geométrica singular de la astronomía kepleriana, y su contraparte retórica, la elipsis (Sarduy 1974: 55-78). La primera ilustra el descentramiento o desdoblamiento de un centro único que pasa a ser una «trama abierta, no referible a un significante privilegiado que la imante y le otorgue sentido». Ese descentramiento opone dentro de una misma figura un «foco visible» a «otro igualmente operante, igualmente real, pero obturado, muerto, nocturno, el centro ciego […], el ausente»: «doble centro virtual» en el que se establece una relación «especular y negativa». La elipsis, figura representativa del barroco gongorino, remeda el mecanismo de su prima estelar al ser «ocultación teatral de un término» (*alimentos y otras amenidades*, piensa enseguida –monotemático– el Famélico) «en beneficio de otro que recibe la luz abruptamente» (*consignas, ídolos o estímulos morales*, le soplaría un Apátrida, telepático).

¿No habló Pascal de un círculo de centro inexistente y circunferencia ubicua? Absorto en teórica reflexión, el Apátrida observa que al irrumpir la diferencia o el azar, como el Extranjero en el círculo socrático, la brusca aparición de otro polo desencadena un reto entre identidad y alteridad que se juega en el campo del lenguaje (véase Mattéi 1983). Al mismo tiempo y más cerca de los lares de marras, aquella bimembración astral refleja en sus dos soles alternos el odioso contrapunto dentro/fuera, cuyos términos son intermitentemente iluminados, a modo de canon, al estrepitoso compás de equívocas victorias o viles desmanes. Escéptico, el Apátrida duda que tales contiendas astronómicas, por desafiar nuestro precario, mortal equilibrio entre Eros, Ethos y Thánatos, no acaben, como diría Severo, en un fenomenal *big bang*. Y a propósito de Sarduy, retorna al tema de las frutas y recoge el final pendiente de aquella décima sobre la papaya:

> Tu gesto es de tradición:
> Heredia se volvió loco
> y vio una mata de coco
> en el Niágara brumoso.
> Más al norte y más sabroso,
> ¡tú coronaste el barroco! (Sarduy 1993: 83)

La papaya: barroca y alejada de su tierra. ¿Y la piña? Veamos:

> Puse una piña pelona
> sobre tres naranjas chinas,
> y le añadí en las esquinas
> la guayaba sabrosona.
> Así, en exilio, corona
> la reina insular, barroca,
> la naturaleza –poca–
> y muerta que le he ofrecido.
> Y el emblema que la evoca:
> «No habrá más penas ni olvido». (Sarduy 1993: 82)

La piña: barroca y exiliada de su isla. ¿Y el templado albaricoque?:

> *Barroco:* en la sordina del flujo consonántico, la *a* y la *o;* el barroco, como el *Abricot* de Ponge[6], va de la *a* a la *o. Barroco*, «al oído, se abre y se cierra con un lazo *(boucle):* las letras *a* y *o:* la palabra se repliega sobre sí misma en una figura circular, serpiente que se muerde la cola. Comienzo y fin son intercambiables. La palabra, en su inscripción, ofrece la imagen sensible de ese regreso, de esa vuelta. [...] Ese lazo *(boucle),* si creemos las pruebas de la etimología, es una boca: *boucle* [en español, bucle], del latín *buccula*, diminutivo de *bucca*, boca. La figura del lazo, ligada a la de la vuelta (de llave, de escritura, de saltimbanqui) está sobredeterminada: se encuentra situada en un cruce de sentidos, en un cruce de caminos donde se superponen, enlazadas en la forma de la fruta, escritura, geometría, astronomía, retórica, música y pintura». (Sarduy 1974: 18[7])

---

[6] «L'Abricot», texto de Francis Ponge, poeta francés.

[7] Sarduy cita del artículo de Gérard Farasse «La portée de l'Abricot» (1972), en *Communications* 19, Paris: Seuil.

Así pues, el albaricoque/*abricot* barroco se trueca en *Cobra*[8] que hace un doble bucle con la cola en la boca, *copa de Baco*[9], *Colba*[10], Cuba. Nada está en su santísimo lugar en esta cadena de desplazamientos: las frutas autóctonas, fuera; pero el albaricoque, joya expulsada, por forastera, de ambas *coronas de las frutas*, las de Lezama y Sarduy, viene entonces paradójicamente, en un rodeo retórico, a ser el vehículo de la vuelta a los orígenes, al útero insular solar, trayectoria análoga al rodeo simbólico –diferimiento y lenta aproximación– que opera la escritura para el Apátrida respecto de su patria y para el Famélico respecto de su fruta. Esa vuelta al origen persigue la recuperación no sólo del mero goce de un cierto entorno físico y anímico, sino de un «estado de salud» más gregario, «la situación armoniosa [del sujeto hablante y devorante] en la isla y en el cosmos» (Montero 1991: 36): aspira a restablecer, como sugiere Lezama en aquel texto[11], «el opulento sujeto disfrutante» (1992: 141). Reinstaurado en su dorada regla como *virtus*, es un disfrute que no harta, antes bien aprovecha y cultiva, sin derrocharla, ésa que Artaud llamó «la fuerza viva del hambre» (1964: 11-12).

Rodeo: regodeo. Es la escritura, ese regodeo de/en la lengua materna, lo que permite *mater*ializar en potencia, en «un punto del espíritu desde el cual la vida y la muerte, lo real y lo imaginario, el pasado y el futuro, lo comunicable y lo incomunicable dejan de ser percibidos contradictoriamente»[12], las devoraciones originales que son comer/amar

---

[8] Anagrama de COpenhague, BRuselas y Amsterdam; identifica al grupo de artistas experimentales que, entre 1948 y 1951, colaboraron en forma independiente en torno a la revista del mismo nombre con el fin de presentar una alternativa dispersa frente a las corrientes surrealista y abstraccionista centradas en París, y que utilizaron ocasionalmente como símbolo a la serpiente homónima. Y título de una novela de Severo Sarduy donde resuenan los elementos anteriores, así como asociaciones con el barroco y el budismo tántrico.

[9] Véase la «Fábula de Polifemo y Galatea» (Góngora 1980: 19).

[10] Nombre de Cuba tal como lo consigna por primera vez Cristóbal Colón en su Diario. Véase Núñez Jiménez 1989: 51.

[11] «Corona de las frutas» apareció originalmente en *Lunes de Revolución*, el 21 de diciembre de 1959. El texto figura también en Lezama Lima 1992: 138-142.

[12] Al decir de Breton en el «Segundo manifiesto del surrealismo», citado en Sarduy 1969: 9.

a/en Cuba, hoy. Devoraciones que reflejan un proceso constante de inscripción, borramiento y sobreescritura (de capas étnicas, comestibles, textuales, kármicas), la huella de una deuda material y espiritual: *debo raciones* (de comer), *debo oraciones* (de orar, de escribir: oralidad y oráculo), deuda que se *cobra*, y que se paga –para *recobrar* la solvencia, la *salus*– mediante el ejercicio de una *boca*lización y de una *boca*ción obstinadas en pregonar a voces el término elidido, en modular el «nudo patógeno» (Sarduy 1969: 58) de la ecuación del ser.

En busca de las comidas perdidas para encontrar al Otro que es el Mismo: diálogo a distancia entre el Apátrida y el Famélico, quienes, antes de ser lo que son, extraño y natural deseantes de una *polis*, polos lejanos de un (descomunal, mancomunado, incomunicado) descentramiento o desdoblamiento, fueron niños nutridos por un mismo y único suelo que ya no los nutre. Con su falta (o carencia) quizás expíen, interpósitamente, la falta (o culpa) de otras generaciones: la desmesura de revoluciones escamoteadas o exhaustas, de repúblicas venales; y la precipitada fuga hacia adelante de los cautos y los cómodos. Mas como Sísifo, no se cansan de volver a elevar sobre la página su precario andamiaje de palabras, que se desmorona cada vez que desciende inexorable cima abajo el punto o el ojo.

Viena, enero-marzo de 1998

De utopías y Cuba

> Sé que los únicos paraísos no vedados al hombre son los paraísos perdidos.
>
> Jorge Luis Borges

Cuba está en muchas partes y en ninguna: es la paradoja que advierten, unánimes, el Apátrida y el Famélico en su intenso diálogo interestelar.

La aporía es inevitable, convienen, puesto que el Exislado, afuera, jura que Cuba está en Miami o en otros cotos cuasinsulares, y para el Aislado, adentro, Cuba se limita estrictamente a aquéllos que se mueven en el sopor postciclónico de ese cocodrilo echado del Cabo San Antonio a la Punta Maisí, ensimismado en pleno Mar Caribe (todo él –cocodrilo– llamado en adelante «la Ínsula»).

(Ni hablar de lo que Cuba *es*: Cuba es la de anteayer o la de ayer, según el que lo diga. O para muy pocos ya, la de hoy. ¿Pues quién se atrevería a asumir cualquiera de esas entelequias?). Para el Apátrida y el Famélico, planeadores ultragalácticos despegados de un texto anterior, Cuba *no es* ninguna de aquéllas: sólo podría algún día ser la que se agita ya en esferas ideales del ámbito nacional y extranacional como habitaciones poéticas, azoteas celestes y espacios aglutinadores, la que pugna por devenir en una nueva dimensión no épica ni heroica ni patriótica ni mesiánica, sino humanamente integral y ecuménica, apuntalada por valores tales como libertad y tolerancia, equidad, altruismo y no violencia. Atengámonos entonces, por ahora, al *estar* de Cuba, a su carácter de lugar *(topos)* o de no-lugar *(«ou-topos»)*, este último acuñado como antónimo por el creador de la primera *utopía* con tal nombre, el caballero Tomás Moro).

El Apátrida se interroga desde hace tiempo sobre la utopía y recuerda haberla vislumbrado, fugitiva, en cierta cocina viboreña. Apremiado cada vez más por las circunstancias, decide ordenar un poco sus ideas. Trata de recordar nociones aprendidas y repasadas en caóticos seminarios parisinos sólo para constatar sus propias, ingentes lagunas y acudir luego a la prodigiosa erudición del Famélico a ver si entre ambos logran sacar algo en claro. Lo primero que le viene a la mente acerca de la utopía es su negatividad, esa partícula *ou*, ese NO griego que resuena en aquellas frases iniciales de la apología de Sócrates ante los notables de Atenas: *ouk oida, señores, no sé (qué efecto habrán tenido en ustedes los que me acusan, pero lo que es a mí casi me han convencido)*, y acto seguido surge en la memoria la visión del *ou-topos*, del no-lugar inventado como ora mimética, ora contrastante irrealidad por Sir Thomas More poco antes de la fundación de ese otro (y tan demasiado real) lugar nombrado San Cristóbal de La Habana, ya en plena matanza (que tres años atrás –Caonao– denunciaba Fray Bartolomé) del buen salvaje (al que tres siglos después resucitará Rousseau para evasión y u-tópico consumo del romanticismo europeo).

El hueso duro de aquella premisa estriba claramente en que Cuba no está «en ninguna [parte]». Pero para el Aislado y el Exislado, sujetos arquetípicos de las longitudes rivales, la primera cláusula –*Cuba está en muchas partes*– parece ser, sin ir más lejos, el nudo gordiano del problema. Por mucho –o poco– que hayan cambiado las cosas en los últimos años, en que (en la Ínsula) *gracias* al período especial no ha quedado más remedio, a tantos, que recurrir al sálvese-quien-pueda, ya sea mediante el éxodo por cualquier *motu* (solidario, artístico, o *proprio*) para extraer un flaco rollo de divisas con que hacer sobrevivir a la familia extensa, o mediante la indiscriminada entrega a todo buscador de comercio, turístico o carnal, que pague moneda convertible; tiempos en que (al norte del Estrecho) *gracias* al tira y afloja entre la Torricelli y la Helms-Burton, fláccidas meretrices, que ponen, quitan y reponen vuelos diarios a Cuba, avalando la lenta intromisión de insulares (por lo general, Famélicos) en el celoso nido de la *cumiamidad*: por más, digo, que hasta cierto punto se haya hecho un poco de luz en el inconsciente colectivo de ambas galaxias en cuanto a la existencia de toda una dimensión mental y material cubana –que piensa, trabaja, escribe, crea, procrea, cría y tal vez reza– en otro(s) lado(s), para cada una de ellas *Cuba somos nosotros*. No importa cuántas veces ésos o aquéllos surquen aires o mares para hacer legítimo acto de presencia. La presencia se esfuma. La fuerza de lo inmanente es tal que, una vez idos, difícilmente quede una estela de su paso en alguna conciencia. El día-a-día es avasallador, terrorífico en su opacidad de plomo.

Cuba *no es* porque nos**otros**, en ese sentido primigenio o primitivo y potencialmente chauvinista o xenófobo, tan bien vertido en su enfático equivalente francés: *«nous **autres**»*, se sitúa siempre por oposición a ustedes o ellos y, por extensión, al resto de la humanidad. Quiere decir: somos los que *estamos* dentro de nuestro corral, y los demás son… cuando menos, bárbaros. Pero éstos, liderados desde el olimpo por Beny (el Bárbaro del Ritmo), Freddy («la Estrella») y Barbarito (el «10» del Danzón), así como por otros del talante de Celia y Rosita, Pablo y Albita, Kcho y K-ín, ya han desatado, junto con intrépidos Apátridas y Famélicos, su injerencia transcultural, multirracial y plurigenérica en los cotos cerrados de la Ínsula y el Exislio, inspirando (por ejemplo) escenas inéditas entre fuerzas del orden y dichas especies frente al Café Nostalgia, en plena Sagüesera…

[recitativo (y coda a ritmo de conga) punteado por una voz andróginamente anónima, como de contratenor, en el contestador celular del Exislado, quien de inmediato pone en marcha una investigación e inscribe una demanda contra terceros por asedio pornográfico, invasión de privacidad y usufructo de minuto/satélite]

Acota el Famélico que ese entonces prometedor emplazamiento caribeño, ahora apenas visible entre el polvo de las demoliciones, podría considerarse, etimológicamente hablando, un cabal ejemplo de utopía llevada a extremos de negación –¿arqui-utopía?– pues del regio empaque que con los siglos llegó a ostentar no queda sino un vago trazado, una sombra: asaz contraria, esa negligente dejadez, al previsor cuidado con que atendían los habitantes de la *Utopia* del Moro sus casas, cura que a la larga los liberaba del fastidioso proceso de erección, derribo y reconstrucción constantes gracias a una asidua y oportuna alerta al más ínfimo desperfecto, garantizando así larga y sosegada vida a su ciudad. Como última esperanza para la agónica Habana ante tal aberración nihilista agudizada por un embargo cruel, sólo atina el Famélico a invocar la enigmática Tlön, donde los objetos se esfuman al dejar de ser percibidos, y en particular aquella anécdota según la cual «unos pájaros, un caballo [habían] salvado las ruinas de un anfiteatro» (Borges 1974: 440).

La Ínsula, castigada por la *hubris* de un centauro bravo, rema a contracorriente, retrocede en el tiempo de la civilización, y su espacio mismo se está desintegrando tras haberse pulverizado su economía y su civilidad, siempre volubles pero antaño al menos respetuosas de la dignidad del trabajo y el derecho a la palabra; tras haberse perdido de vista al pobre ser humano en el vano intento de bioingeniería del «hombre nuevo». A su vez, la Cuasi-Ínsula de enfrente, abrumada por la pesadilla de venganza o el sueño de restitución que perpetúan sus más ásperos voceros con la autocomplacencia que regala el respaldo de un titán arrogante pero proveedor, plasma vicariamente su existencia en una Habana imaginaria, como esas ciudades invisibles exploradas por el Ítalo(-cubano) Calvino, desde alguna metrópolis cuasinsular no menos extraña pero real. Curiosamente, cada uno en su sitio, el Aislado y el Exislado responden a un condicionamiento de corte pavloviano esposado a esas dos siervas del *statu quo*, la rutina y la intimidación. Productos anacrónicos de la utopía impuesta o abrazada en la Ínsula como panacea universal o *telos* histórico y de sus nefastas consecuencias *urbi et orbi*, el Aislado y el Exislado son los gerentes de sendas versiones de la fáctica y fraccionada sociedad cubana, la de vasta fabulación y basta fabricación, al sur, y la de vasta fabricación y basta fabulación, al norte.

El Apátrida y el Famélico, en cambio, hermanados por carencias complementarias y aspiraciones y opiniones afines o a veces de lo más diversas, siguen siendo, hoy por hoy, los solos garantes cubanos de la otra cara de la utopía, la espejeante y esquiva, la inmaterial. Estos seres alados, si están fuera de Cuba también están dentro, y si están dentro no pueden sino estar fuera. Están siempre fuera y dentro o dentro y fuera, es decir, en muchas y en ninguna parte, al igual que Cuba. Son, en verdad, los únicos que habitan ese espacio marginal que aún podría llamarse virtualmente Cuba: un fuera-de-lugar, el lugar-que-*no-es*. Lo demás –hasta nuevo aviso– es degeneración, desastre[1], involución.

---

[1] Léase también «des-astre»: derrumbe de astro(s) (Kristeva 1976: 298).

(«Cuba *no es* porque al pretender materializar a troche y moche la utopía en un intempestivo aquí-y-ahora se ha anulado la negatividad intrínseca del horizonte utópico, su carácter de pura virtualidad. Y tal como la utopía es el umbral del cielo, al que habrá que tender, con paciencia y asombro, en aras de eventuales generaciones futuras que acaso lleguen –o no– a pisar la faz de la Tierra, toda revolución ha de ser, como su nombre lo indica, ciclo, círculo renovable y renovado, impulso periódico a la función utópica en pos de una creciente perfectibilidad –que no perfección— humana. Si la utopía es la anticipación de algo que *no tiene lugar* y que está siempre *por venir*, que tal vez sea el cúmulo de bien, verdad y belleza desplegado en el tiempo por la humanidad y con el que acudirá adornada al espectáculo del fin del mundo, las revoluciones deben ser repaso cíclico y crítico del lugar y del hacer del hombre en el cosmos: la *polis,* la *res publica,* para insuflarles vida e impedir su reificación, es decir, su estancamiento y muerte.»)

[fragmento manuscrito al interior de una cajetilla de Gitanes incrustada en el orificio seco de un bello surtidor caracolino diseñado por el poeta Porro en un lugar por cierto u-tópico de La Habana y –no se sabe cómo, pues no suele frecuentar esos lares– llegado a manos del Aislado, quien duda entre ofrendarlo ante el altar del choteo, darlo a la quema clandestina o entregarlo a la encargada del CDR]

El Apátrida no cesa de ponderar la inherente ductilidad del concepto de utopía. La *polis* ideal de Platón, regida por el filósofo guardián, tendía a potenciar la virtud del ciudadano sometiéndolo a un conjunto de leyes basadas en la justicia y el equilibrio, la moderación y el comedimiento. En la edad media, cuando el campo de la imaginación utópica del orbe grecolatino se desplaza hacia la *civitas Dei*, las llamadas «fiestas de locos» proporcionaban la ocasión, una que otra vez al año en fechas señaladas del calendario litúrgico como la noche de San Juan –solsticio de verano–, de vivir el mundo al revés, de realizar el sueño prohibido que Gargantua hará ley en la abadía de Thélème: *Fays ce que voudras.* (Lewis Mumford, compilador de una de las clásicas tipologías de la utopía, no deja de notar a un extremo esa clara vertiente demencial, situando en la otra punta del arcoiris utópico su variante como paradigma de perfección.) Y Erasmo, sabio renancentista, en lo que vendría a ser una suerte de pre-*Utopia* pues se adelanta en un par de años a su amigo Tomás Moro, pone en boca de

Locura, diosa originaria de unas Islas Afortunadas, sitas en las fuentes del río Leteo, su propio *Elogio*, de evidente coloración satírica como el libro I de la obrita de More, mucho menos conocido que su edénico tomo II.

A propósito, el Apátrida resalta la curiosa afición de las utopías por las islas: metáfora a un tiempo de resguardo e indefensión, recato y visibilidad, continencia y potencial exceso: figura legendaria que en ese mismo siglo XVI fomentó toda una cultura del viaje (viva hasta principios del XIX, casi *ad portas* de la revolución industrial que arrasó todas las ilusiones) y que se manifestó, como se sabe, en embates librescos y no tan librescos a la naturaleza virgen de ignotos mundos pródigos en pos de una soñada edad de oro y tal vez, con suerte, del mero mero metal. No escapa al Apátrida tampoco su frecuente descripción por antítesis, es decir, en forma de *contrautopías*, universos totalitarios y deshumanizados, de sintomático sesgo esquizofrénico, en los que no cabe parte alguna al azar, ni menos a la crítica o a la voluntad individual, ejemplos de lo cual por cierto abundan, y no sólo en la fértil literatura sobre el tema.

Por su lado, el Famélico, que hurgando en derrumbes habaneros no ceja en el empeño de hallar un día el undécimo tomo, «U», de la famosa Enciclopaedia Utopicae Tsur (parcialmente reeditado en Santiago de Chile a raíz de un reciente coloquio sobre la utopía pero verdadero incunable en ésa, su edición original), hace un alto en la excavación y registra puntilloso su catastro de citas para venir en apoyo del Apátrida. En general, los eruditos tienden a avalar la negatividad intrínseca de la utopía, a la vez que constatan su alcance potencial simple o compuesto: «la condición de posibilidad para que una "*u-topía*" sea tal es la conciencia de que ella es «*tópica*-mente imposible»: conciencia de que se trata de una imposibilidad que moviliza hacia un nuevo campo de posibilidades. Y es que la legitimidad y la eficacia histórica de una utopía radican en que *sólo la búsqueda de lo imposible hace posible lo posible*» (Villegas 1993: 316). En afirmaciones de esta índole (comenta entre paréntesis el Apátrida) convergen de hecho, paradójicamente, la esperanza cristiana y cierto audaz espíritu *soixant-huitard*. Según otra definición que el Famélico califica mentalmente de teleología finisecular, la utopía «abre una fisura en lo real [...] que altera insidiosamente todo presente [...] en los dos sentidos de lo inmemorial y lo futuro, o en el infinitamente más inquietante doble sentido de lo futuro inmemorial, propio del utopismo que anuncia la venida de los orígenes» (Oyarzún 1993: 164).

Sin embargo, el Famélico prefiere desviar la atención hacia las acepciones aberrantes o perversas del no-lugar, tan en boga hoy, como las contrautopías mencionadas por el Apátrida, entre las que cita la (contra-)utopía de libreto, cuya ejecución real «sólo cabe [...] a tiranos, dictadores y fanáticos» (Corrada 1993: 131), y su análoga en segundo grado, la (contra-)utopía por decreto (Monsivais 1993: 113), ambas de corte voluntarista: ámbito de héroes con vocación mesiánica y de su correspondiente discurso, el delirio, pues acota el investigador que «si en alguna experiencia [se] puede imaginar la utopía realizada es en la psicosis» (Aceituno 1993: 159) —esquizofrenia, había insinuado el Apátrida—; y, por último, la esclerosada (contra-)utopía revolucionaria capaz de «degenerar en despiadado ejercicio del poder» (Pérez 1993: 108). Las *distopías,* por su parte, suelen ser disfunciones derivadas de aquellos intentos por fuerza fallidos de materializar la perfección en este valle de lágrimas o de esa obsesión contrautópica de eternizarse en el poder: verdaderas anomalías —incontrolables y tenaces— que siembran el caos en las sociedades y las corroen por dentro obliterando todo viso de cohesión y racionalidad.

> Cuba *no es* porque se han tergiversado y desnaturalizado las nociones de utopía y revolución despojándolas de su volatilidad o fluidez —siendo la una etérea y la otra acuosa como las mareas— y sobre todo de su generosidad, al esperar con soberbio egoísmo una gratificación inmediata y total en vez de aspirar con humildad a una lenta acumulación de bonos —o de *bonus*— en aras de un futuro perfecto que no nos habrá pertenecido.
>
> [mensaje cibernético enviado desde un servidor fantasma a la dirección electrónica tyrannosaurius.rex@sos.com e interceptado por un *relaciones públicas* quien, para evitarle al destinatario un disgusto, lo borró del disco duro y está pagando ese gesto piadoso con cinco años de cárcel por censura y violación de la libertad de expresión]

Uno de esos funestos avatares de la distopía en que repara el Famélico a su alrededor, fenómeno observable fundamentalmente en la Ínsula aunque en claras vías de exportación, es el que pudiera enmarcarse en la *anatopía*, forma de la negatividad distópica que según un destacado filósofo se expresa como experiencia de alteridad y alteración, «aquélla que Bataille llamó *experiencia interior* o *experiencia soberana*», no sujeta a ninguna condición moral, estética o política: «experiencia radical del fin y la finitud, del límite y de lo imposible: transgresión». Según esta fuente del Famélico, «el prefijo *ana*, que significa negación por la vía de la intensificación y del exceso, suspensión y relevo en alto, revuelta y retorno, pero a la vez conexión de los términos de una serie, puede […] designar con eficacia [esa] alteración» (Vicuña 1993: 140). El Famélico tiene *in mente* en particular a esa nueva casta de incastas divas llamadas por el vulgo *jineteras* —fruto aparente de esta endiablada disfunción de la utopía—, cuyo lema rezó tan zalameramente Auxiliadora, una de ellas —prima hermana o segunda de Auxilio, *reina* sarduyana de los años sesenta— a ruego del Famélico: *el dinero es mi dios*, y otro lema: *los hombres son todos iguales*. Y su poema favorito, el 11 del primer libro de *Cármina* de Horacio, cuyo final declamó emocionada —histriónica también ella— ante el Famélico:

> Sólo en hablar
> ídose el tiempo habrá
> falso. Pilla del hoy;
> mínima pon
> en su mañana fe. (en García Calvo 1992: 165)

El por qué y el para qué de tan peculiar actividad ecuestre comprenden desde la pesca de víveres o *vaqueros* hasta un juego de seducción o caza conocido como tiro al blanco; desde la abnegación en aras de «buscar el pan» familiar hasta la consumición como producto sexual; desde el deseo de ¡«contribuir, junto con los *gusanos*, a la reanimación económica del país»! (Quintero 1997: 41[2]) hasta —quizá— una legítima exasperación con el mal, la mentira y lo feo; acabando, como era de prever, en la emulación contagiosa de esta especie de *realismo sucio* a que han dado lugar la canija revolución y el pérfido *bloqueo*. Tal parece, especula el Famélico, que esa

---

[2] Véase también Fusco 1997.

tendencia literaria ajena y algo obsoleta[3] se hubiera encarnado, literal y multiforme, en un (creciente) contingente de mujeres y niñas, e incluso de hombres como –un ejemplo *suave*— el mundialmente conocido *Señor de los Anillos*, empresario peripatético habanero *por cuenta propia*, cuyo negocio estriba en exacerbar la curiosidad de eventuales clientes mediante una estrategia alternada de súbita aparición y fuga por los recovecos de la ciudad –que él domina y la víctima no– hasta invertir su propia necesidad en imperioso deseo del otro y, una vez alcanzado el clímax del rodeo persecutorio, mostrarse al fin y dejarse fotografiar con sus 175 anillos y 60 agujas de plata artísticamente incrustados en la piel de su cara al módico precio turístico de un dólar por foto.

La imagen y la calidad globales de la literatura y el arte cubanos (cuyos mejores exponentes han sabido y saben redoblar, amplificar y proyectar, reinventándolas, las resonancias de realidades múltiples y complejas) se ven amenazadas sin embargo hoy por ciertos *ejecutores* que no hacen sino empobrecerlas y socavarlas, fomentando indirecta pero eficazmente en la fantasía del público primermundista la decisión inaplazable de subirse a un *charter* de sexoturismo y partir a explotar la mina de placer. Un buen negocio desde todo punto de vista, ya que tales artistas contribuyen a engordar las arcas de editoras, museos, aerolíneas y consorcios hoteleros multinacionales y en retribución cosechan (dudosa) fama y/o (indudable) fortuna. Así pues, existe en la actualidad, al lado de las artes y letras cubanas de alto vuelo que ponen el tema de Cuba o cualquier tema en el ámbito de la cultura universal y humanista, una espuria expresión «artística», barata y comercial, que se regodea en la vulgaridad y la miseria reinantes en la Isla y las usa en beneficio propio, sacando provecho tangencial de *la moda Cuba*.

[fragmento de una carta enviada por algún Famélico ortodoxo a *El País* y leída casualmente por el Apátrida en el *papel periódico* usado por su carnicero para envolver unas chuletas]

---

[3] Véanse los números 8 («Dirty Realism», 1983) y 19 («More Dirt: New Writing from America», 1986) de la revista británica *Granta*, dedicados al realismo sucio en boga a fines de los años setenta y mediados de los ochenta.

El Apátrida discrepa. Discutidor empedernido y fanático practicante de eso que llaman *brainstorming* —tormenta o bombardeo de ideas— se dispone a entablar uno de ésos con el Famélico. Se trata precisamente —argumenta— de que todo, desde lo sublime hasta lo transgresor, halle cabida en la cultura, en la nación plural. A su juicio, esa dura realidad cubana es un hecho de momento incontrovertible y su protagonismo en cierta literatura, ésa que descalifica el Famélico, es enriquecedor en la medida en que la delata en su descarnado cariz y a la vez problematiza los cánones presuntos o establecidos (del buen gusto, de la buena escritura, de lo social y políticamente correcto) hostigando toda fijación o escrúpulo estilístico mediante un lenguaje que remeda la soltura, la desidia, el relajo en fin, del habla y del ritual de supervivencia de esa parte de la población sufriente. Para el que lo escribe y lo presenta como literatura ello supone una elaboración en mayor o menor grado, si bien en ciertos autores ese «estilo» es tan crudo que uno se pregunta realmente si no estaremos ante la oralidad en bruto, ante otro capítulo de la *literatura testimonio* —género por cierto no desconocido en la Cuba de epopeya—, o es tan chabacano y banal que más vale no preguntarse nada y *pasar* de ello.

Esa literatura, así como las realidades a que alude, ha dejado de ser ajena u obsoleta —si es que alguna vez lo fue, como observa el Famélico— pues no hace sino subrayar de algún modo el auge globalizador que tarde o temprano alcanza hasta al más reacio, así como su patente manifestación en la Ínsula hoy, en contraste con las (utópicas) metas proclamadas al calor de la (también ajena y obsoleta) bonanza comunista, en la exacerbación de actitudes y valores típicos del capitalismo más feroz sin la base material que suele sustentarlos y sin la sofisticación cultural que permite sublimarlos, lo que redunda en esa especie de tercermundismo postmoderno o primitivismo de lujo que mana de esos textos y contextos: el buen salvaje (¡oh histórica ironía!) desquiciado por la fiebre del oro/dólar. El Apátrida, *advocatus diaboli,* que ha conocido la pacatería de la antigua sociedad cubana, pretende hasta regocijarse un poco de tales tendencias, que a la larga, insiste, contribuirán al saneamiento no sólo literario sino social: habrán conseguido remover y renovar todo aquel edificio arcaico y sus postreros frisos de moralismo militante. Cuando, según las malas lenguas, La Habana era «el prostíbulo del Norte» (y en la fase aséptica de la revolución, tras el brevísimo interregno anárquico-hedonista del semanario *Lunes)*, esa dimensión transgresora no se exhibía abiertamente ni en la literatura ni en la vida citadina sino que fluía secreta, segregada, en herméticos paradisos o discretas posadas; en la ya senil sociedad sin clases ni burdeles ni mafias, ni órficos sibaritas, en cambio, campea por su respeto. Ello podría ser, *dixit* Apátrida, una forma de exorcismo, la vuelta transitoria a una de aquellas medievales «fiestas de locos».

El Famélico, que tacha al Apátrida en este punto de frívolo o de estoico, se indigna sobre todo de que en la misma Europa se dé crédito a semejantes escritos, se los considere *literatura,* y buena. Las cúpulas editoriales del viejo continente, que antaño regateaban, avaras, la unción de la inmortalidad literaria, se contentan ahora con menudear el perecible cintillo de best-*seller.* Para colmo, no ha de olvidarse el papel que en eso que ha llamado realismo sucio, literario y de otra índole, lleva la prensa, sobre todo las revistas del ocio y del *glamour*, que a ritmo sostenido publican suntuosos foto-reportajes, frecuentemente acompañados de textos más o menos serios, más o menos sensacionalistas, sobre el estilo de vida y las traídas y llevadas atracciones de la Ínsula: turísticas (hipismo incluido), arquitectónicas (o más bien arqueológicas) y (en menor medida) musicales. Toda una hazaña, pero el Famélico se las ha ingeniado para localizar (en arcanas bibliotecas, aviones y aeropuertos, peluquerías y vestíbulos de hoteles, latones de basura, coches de alquiler), medio centenar de revistas de todo el mundo con jubilosas reseñas de la cubanía al borde del... tercer milenio. No se trata de coartar la diferencia, ni la libertad de prensa; se trata, dice el Famélico, él sí ya al borde del paroxismo, de volver a una sociedad más *inteligente*, más racional y funcional, más dueña de sí misma, de controlar al fin esa expropiación, atomización y *anatopización* del cuerpo y de la imagen de la Ínsula...

Al ser un cuerpo dividido y en creciente proceso de dispersión, y al haberse desintegrado su acervo espiritual (su propia tradición pluralista) y material (su ciudadanía y sus ciudades), Cuba no está, pues, lo que se dice *estar*, en ninguna parte, concluyen de consenso, ahora sí, el Apátrida y el Famélico. No está ni aquí ni allá, ha perdido su rumbo y flota a la deriva. Se dice que el Aislado, depuesto ya en buena medida su vetusto orgullo de pionero, ha empezado a sentir –íntima, no públicamente–

ese no estar como la amarga constatación en cuerpo y alma de que sus carencias, de que la miseria nacional, por encima y a despecho de los trajinados logros de la última revolución, podrían ser colmadas por la presencia y la acción colectiva de los que están lejos, temidos y no obstante deseados. Valga el *beneficio de la duda:* no por mor de algún arte de magia o poder sobrenatural que esgrimirían ésos (el de la *fula* o billete verde, por ejemplo), sino por su mera complementariedad, por ser el pie que falta para corregir la cojera que ya va camino de la parálisis. Y es sabido que con creciente frecuencia, el Exislado –hasta algún otrora acérrimo paladín del embargo– acusa, también *in petto*, un fenómeno similar: esa necesidad irracional e inconveniente de volver allí, tocar el suelo y respirar el aire de la Ínsula, o el deseo de no hablar más que de ella y no pensar sino en ella, clavado a sus sabores (y, a la postre, único depositario real de esos sabores: fatalidad legada de una promoción a otra del Exislio, incluso a las que han nacido fuera y jamás la han visto). Mas tanto para el Aislado como el Exislado, en lugar o además del cotidiano *arroz con mango*, el pan de cada día es rabia, frustración, ingravidez.

De ahí que Aislados y Exislados hagan desesperados intentos, por aire o mar, en avioneta o balsa, de acercarse a esa comunidad perdida, sin parar mientes en el riesgo de autoinmolación o de exterminio forzoso con misiles o mangueras, igualmente eficaces. El Apátrida, que hace unos momentos siguió con una mezcla de perplejidad y horror las disquisiciones del Famélico sobre las distopías mientras ordenaba sus apuntes foucaldianos, viene ahora justamente a exponer esa precaria incidencia del no-lugar, la *atopía*: la pérdida del lugar «común», o de lo común del lugar, la impulsión al movimiento (excéntrico, extra-vagante) que desestabiliza la fijeza del dualismo binario y subvierte toda polaridad simplista entre el estar y el no estar, entre la *doxa* imperante y la utopía como *paradoxa* (Bjornerud 1992: 125). Haciendo curiosa asociación, el Apátrida apunta a un libro: *En fin, el mar. Cartas de los balseros cubanos*. Allí se lee, en un epígrafe de Nicolás Guillén:

> Tengo que tengo la tierra tengo al mar,
> no country,
> no jailáif,

no tenis y no yacht,
sino de playa en playa y ola en ola,
gigante azul abierto democrático:
en fin, el mar.

El mar, en fin: lo común del lugar –uno de sus polos binarios–, sólo que no contemplado con nostalgia desde el muro del Malecón a la hora del crepúsculo, sino vivido interminablemente en su vertiente abismal como amenazante suspensión y vil suspenso, como abertura de un espacio intersticial de habitación errante (véase Bjornerud 1992), pasillo de paso en el que no hay estancia posible, sólo pasaje sin paraje. En ese libro también lee el Apátrida:

Ahora les voy a hablar del viaje... Fuimos asta Brisas del Mar por la zona de Valenciana y alli a las 7:30 pm tiramos la balsa al agua y salimos remando... Durante todo el día remamos hasta llegar la noche. lo que ya no eramos 3 sino 6. 3 tiburones que emigraron junto a la balsa todo el viaje imaginence que yo le daba palo con el remo por el lomo a uno que estaba encaramado de mi zona (creo que era hembra)...[sic] (Aa.Vv. 1995: 44-45)

Y el Famélico evoca otro viaje más antiguo:

A un lado se alzan peñas prominentes, contra las cuales rugen las inmensas olas de Anfitrite, la de ojos azules. Llámanlas las Erráticas los bienaventurados dioses. Por allí no pasan las naves sin peligro, ni siquiera las tímidas palomas que llevan la ambrosía al padre Zeus; pues cada vez la lisa peña arrebata alguna y el padre se ve obligado a mandar otra a fin de completar el número. [...] Ninguna embarcación, en llegando allá, *pudo escapar salva; porque las olas del mar y las tempestades, cargadas de pernicioso fuego, se llevan juntamente las tablas del barco y los cuerpos de los hombres.* (Homero 1963: 150).

Prosiguen el Apátrida y el Famélico, superponiéndose sus voces al unísono:

Al colocar la balsa en el agua/
hay dos escollos/
Roberto habia puesto en la proa/

> el uno alcanza al anchuroso Urano con su agudo pico/
> una caja plastica donde viajaria el tanque con agua/
> coronado por el pardo nubarrón que jamás lo abandona:/
> y un acumulador para unas lamparas/
> de suerte que la cima no aparece despejada nunca/
> pero el peso era mucho y la balsa se metio en el agua/
> Ningún hombre mortal, aunque tuviese veinte manos e igual número de pies podía/
> subiendo la camara hubo que botar el acumulador
> pasar el tanque para la popa y rajar
> la lona para que el agua saliera/
> subir a tal escollo/
> elevar la armasón de madera de forma tal que esta subiera/
> ni bajar del mismo/
> y bajara las camaras con dos remos que habia de repuesto/
> pues la roca es tan lisa que parece pulimentada/ [sic]
> (AA.Vv. 1995: 44-45 y Homero 1963: 150)

El Famélico recuerda con súbito estremecimiento que en las actas de aquel coloquio santiaguino se citaba, hablando de la atopía, cierta idea atribuida a Vattimo en el sentido de «liberarnos de las plenitudes y ser capaces de sostener la existencia oscilante» (Grau 1993: 152). Precisamente, acota el Apátrida, es en tales situaciones a-tópicas –la abstracción abismada del teórico/escritor o la vivencia abismal del balsero– que puede entreabrirse un espacio a la «identidad no fija» en que el yo carece de esencia sustancial pero subsiste como función *móvil* y donde la identidad pasa a ser un *topos* contestado y de contestación (en todos los sentidos), lugar inestable de revisión y de posible cambio cualitativo. Esta potencialidad de recambio identitario surge de ese traspaso (*trépas*: paso mortal) en que lo único vivencialmente decisivo es una estrategia del movimiento: la experiencia misma del trayecto, y no la táctica de arribo.

Esta noción de identidad móvil viene a esclarecer aquélla de Vattimo que inquietó al Famélico y guarda relación, dice el Apátrida basándose en fuente anglófona, con ese «alienante sentido de mudanza y extrañeza del entorno habitual inherente a toda iniciación extraterritorial y transcultural» expresado en los conceptos de *unhomed* y *unhomely*, los cuales cabe equiparar, en este contexto, con la apatría y lo apátrida y la atopía y lo atópico. El primero es más intransitivo que *homeless*, sin hogar, sin patria; el segundo invade subrepticio y provoca un sentimiento de «terror incrédulo» que encoge el mundo del sujeto para luego expandirlo enormemente... (Bhabha 1994: 9). El Apátrida no deja pasar la oportunidad de acercar los neologismos *unhomed* y *unhomely* a sus exacerbados equivalentes germanos *heimatlos* (en demasía huérfano de hogar: extraño, expulsado, bárbaro) y *unheimlich* (lo *siniestro:* véase Freud). El Famélico, ante esa arrolladora cadena etimológica forjada de matrices tan sencillas, tan entrañables como *Heim* –hogar– y *Heimat* –patria–, insiste más vehemente aun en que hay que poner cuidado en las palabras, las ideas. Pero mentalmente lo persigue el epígrafe de marras y se le imbrican los discursos en la lectura al tándem:

En medio del escollo hay un antro sombrío que mira al ocaso/
Tengo que tengo la tierra/
Luego de dejar de ver las costas
entonces vimos otras cosas/
tengo el mar/
Allí mora Escila, que aúlla terriblemente.../
no country/
Está sumida hasta la mitad del cuerpo en la honda gruta/
el mar estaba un poco furioso
o no
un poco falso/
no jailáif/
saca las [seis] cabezas fuera de aquel horrendo báratro/
no tenis y no yacht/
cuando a un lado de nosotros se encontraban [...un] par de tiburones
no se marchaban/
sino de playa en playa
y ola en ola/
y, registrando alrededor del escollo, pesca delfines,
perros de mar/
estaban esperando carne fresca/
Por allí jamás pasó una embarcación
cuyos marineros pudieran gloriarse de haber escapado indemnes/
Sólo en el Acuario yo los había visto/

> **gigante azul/**
> *pues Escila/*
> **abierto**
> **democrático/**
> *les arrebata con sus cabezas sendos hombres de la nave de azulada proa/*
> **en fin/**
> nunca te llegas a imaginar cual es la realidad de todo
> el mar/
> Como tampoco
> la de esta triste travesia» [sic].

...aquel epígrafe, piensa, de Guillén, quien sin zozobra alguna escribió lo que está escrito y *ecco* lo que ha venido a ser ese «gigante azul abierto democrático»: undoso corredor de retirada y muerte. El Famélico admite hidalgamente que es impresionable, que no puede ver películas de Kubrick, que como hipótesis el sujeto escindido le parece interesante, pero frente a la a-topía existencial de errar a la deriva en el mar no osa pronunciarse, no sabe. Como también escribió Tula (*al partir*)[4], hay que vivirlo. De lo contrario nadie sabe nunca nada.

Más ecuánime, el Apátrida vuelve a la carga con Foucault. Falta la *heterotopía*, que el maestro francés glosó admirado a partir de un fragmento de Borges: mientras que las utopías dan consuelo, pues aunque carecen de un lugar real existe un amplio campo imaginario —la fábula, el lenguaje— en el que pueden desplegarse, la heterotopía es perturbadora porque atenta contra lo común del *nombre*, es decir, contra ese mismo espacio simbólico, ese orden previo que dispone las categorías fundamentales en que luego se basan la identidad y la coexistencia de objetos y seres. Es por ello que pone radicalmente en peligro la posibilidad misma de una gramática —o sintaxis—, a la vez que separa, aísla, dispersa en conjuntos parcelados e incomunicados lo que normalmente debiera confluir en el común espacio del lenguaje y de la identificación simbólica, sin al mismo tiempo proporcionar algún engrudo que dé coherencia a esa totalidad (Foucault 1973: xviii-xix). Como es sabido, en la obra de Borges pululan las heterotopías, desde las bibliotecas de

---

[4] Véase Gómez de Avellaneda 2011.

Tlön y de Babel, los manuscritos de Ts'ui Pên y las categorías analíticas de John Wilkins, hasta el *Emporio celestial de conocimientos benévolos* que alucinó a Foucault. Todas ellas contienen en aventurada yuxtaposición, la afirmación y negación absolutas de un mismo postulado, o bien la cohabitación conjetural o insolente de unidades heteróclitas. (Mejor esa tormenta de ideas que el *brainwashing* o gota-a-gota cerebral, propone socarrón el Apátrida).

De igual modo, lo que se ha dado en llamar la diáspora cubana reúne todas las dimensiones de la heterotopía: las que derivan de la utopía propiamente tal (negatividad y lugar) y la específica a aquélla (dislocación), que pone a «temblar *todos* los lugares [...], [haciendo] que lo que llamamos lugar yerre por todas partes, y que todas partes pasen fugazmente por el lugar» (Oyarzún 1993: 162-163). El Apátrida, volviendo a la pregunta retórica («¿No habló Pascal de un círculo de centro inexistente y circunferencia ubicua?») que formuló, al revés, en su primera aparición textual, ligeramente dislocado entonces bajo el influjo de la astronomía kepleriana, sugiere ahora que la diáspora se asemeja a la genuina esfera pascaliana[5] de centro ubicuo –presente por igual en cada uno de sus múltiples focos gravitacionales y centrífugos– y de circunferencia inexistente: a la isla u-tópica…

> Para [cuyos] puertos no sabría trazar la ruta sobre el mapa ni fijar la fecha de llegada. A veces no necesito más que un escorzo insinuado en pleno centro de un paisaje incongruente, un vislumbre de luces en la niebla, el diálogo de dos transeúntes que se topan en la multitud, para pensar que partiendo de allí conformaré, pieza a pieza, la ciudad perfecta, hecha de fragmentos mezclados con el resto, de instantes separados por intervalos, de señales que uno manda sin saber quién las recogerá. Si te digo que la ciudad a la que tiende mi viaje es discontinua en el espacio y en el tiempo, ora más diáfana, ora más densa, no has de creer que se pueda dejar de perseguirla. Quizás mientras hablamos esté aflorando, dispersa, entre los confines de tu imperio; puedes buscarla, pero sólo del modo que te he dicho. (Calvino 1993: 163)

---

[5] Hablando de la naturaleza, en el pensamiento 72, escribe Pascal: «C'est une sphère dont le centre est partout, la circonférence nulle part» (1961: 16).

[última conversación secreta entre el Gran Khan y Marco Polo en la que Kublai, melancólico emperador desengañado de su languidecente poder y del ruinoso estado del mundo, pregunta al visionario explorador hacia cuál de las grandes utopías de su atlas, «tierras prometidas en el pensamiento pero aún no descubiertas o fundadas» como Nueva Atlántida, Utopia, Ciudad del Sol, Oceana, Tamoé, Armonia, New Lanark o Icaria, soplan vientos propicios]

...o a la Ínsula o esfera heterotópica que abarca, en todo el ámbito en que respira la cubanidad, y desde el primero –hace ya cuarenta años– hasta el último impulso de su hégira, a Famélicos y Apátridas, a Aislados y Exislados, a Bárbaros, anillados y jineteras y otras yerbas aromáticas: especies todas –cuando se reintegre la utopía a su santísimo no-lugar y se restablezca el cuerpo mutilado de la nación cubana–, especies, digo, llamadas, en su anómala forma actual, a desaparecer.

Viena, febrero de 1999

Del lugar común

¿Puede el hombre, si sólo es tribulación la vida
mirar a lo alto y decir: así también
quiero yo ser? Por cierto. Mientras persista en el corazón
la caridad –la pura– puede el hombre medirse
sin desmedro con Dios. ¿Es Dios enigma?
¿Es manifiesto como el cielo? Esto creo
más bien. Esa es del hombre la medida.
Pleno de mérito, sí, mas poéticamente habita
el hombre en esta Tierra. Pero no es más pura
la sombra de la noche estrellada
–si cabe así decirlo–
que el hombre, llamado imagen de la divinidad.

¿Existe en la Tierra una medida?
Ninguna.
[…].

Friedrich Hölderlin[1]

Yo, Apátrida, hube expuesto la urgencia de restablecer el no lugar en su lugar. Yo, Famélica, he aspirado a una reinterpretación del hambre.

---

[1] «In lieblinger Bläue blühet mit dem metallenen Dache der Kirchturm…» (en *Werke*, ed. de N. von Hellingrath, VI, 24 y ss.; *Grosse Stuttgarter Ausgabe*, ed. de F. Beissner, II, 1, Kohlhammer Verlag, Stuttgart, 372 y ss.). Texto del período de la locura de Hölderlin y, según algunos autores, apócrifo, recogido y transcrito por W. Waiblinger en sus diarios y en su novela *Phaeton* (1823). Sin embargo, importantes comentaristas y poetas traductores de Hölderlin (como Heidegger, W. Schadewaldt, André Green, Renate Böschenstein, André du Bouchet, Pierre Jean Jouve, Michael Hamburger y David Gascoyne, entre otros) lo han considerado parte fundamental de su obra. Fragmento traducido por la autora.

Yo invoqué a los vates de acá y de acullá. Yo había evocado espacios de excepción. Yo habré perseguido ciegamente la utopía en una resonancia po-ético-crítica...

Yo exhorto aquí a una crítica y a una poética del *lugar común*, una indagación de sus acepciones figurada y literal, la cual me llevará por una deriva que, como tal, me resulta aún imprevisible y que emprendo, pues, explorando la plurivocidad de la metáfora, por el lugar menos común, o representativo, o deseado, o esperado; el más reprimido quizá, el más polémico o incómodo: el más (auto-)crítico. Y a la vez, el más lúdico, el que mejor ejemplifica precisamente lo que Derrida ha llamado —aprovecho para introducir, con él, la referencia vegetal, horti-cultista, que será, aunque por otros derroteros, uno de los hilos temáticos de la presente digresión ensayística— la dehiscencia (Derrida 1972: 261): la apertura del estambre para derramar el polen re-productor —aquí— de significancia y de significación capaces de impregnar también una eventual ética del lugar común.

Es sabido que uno de los lugares comunes de cierta escritura cubana de todos los tiempos es su debilidad por el dejo extranjerizante, en particular la acotación o pormenor en *ínglis* o —colmo de finura— algún cliché en *fransuá*, para no hablar de latinazgos y helenidades. Ya en su día, Quevedo —y luego algún nuestro de la talla de Mañach, que ahí y sólo ahí anduvo achicándose un poco— había hecho mofa de las *cultedades* de una genérica señora que hablaba y escribía como versificaba cierto inconfundible —e incombustible— rival literario:

> Un papel suyo leímos ayer yo y un obispo armenio y dos gitanos y un casi astrólogo y medio doctor. Íbamos por él tan a oscuras como si leyéramos simas. [...] Si vuesa merced escribiendo tan *a porta inferi* acaba de lobreguecerse, dirá que su lenguaje está como una boca de lobo con tanta propiedad como una mala noche, y que no se puede ir por su conversación de vuesa merced sin linterna. (Quevedo 1971: 163)

No obstante, si se tiene en cuenta el creciente *vulgarismo* que acecha hoy a la cultura en todos los frentes —previsible efecto, en parte, de un *coloquialismo* manido hasta la desfachatez— no deja de ser saludable salpicarla con un siesnoés culterano.

Se dirá que no otra cosa podía esperarse de quien firma estas páginas, pero ¡aleluya!, así lo ve también una novísima y, por su evidente peso potencial, contundente fruta de las letras —digamos con optimismo— nacionales, que se rebela, entre otras cosas, contra lo que ha bautizado, vegetalmente, de «lechuguismo» (derivado de «lechuga» y «lechuguitas», esas hojitas verdes y valiosas por su poder de alimentación y compraventa), una de cuyas características es «la persistente apología de la lectura fácil». Dice con largo aliento esta perla rara, en el mejor —y evangélico— sentido de la palabra:

> Si no es así, ¿por qué entonces tachar de «sobreabundante», «palabrera» y cualquier otro sinónimo de lo que sobra, la prosa no concisa, la que maneja períodos extensos (aunque estén bien construidos, aunque fluyan) es ya un lugar común, algo que se repite y se repite, a menudo con solo un par de lecturas? ¿Por qué la experimentación, hecha tradición y resemantizada después de las vanguardias, es una «fiebre», un «sarampión», una «inmadurez»? ¿Por qué la intertextualidad, las cadenas de citas, las parodias, tan habituales en la ficción postmoderna, son una «pedantería», un «alarde»? ¿Por qué ese culto a la anécdota veloz al punto de que en un tiempo más despacioso «no pasa nada»? ¿Por qué la palabra que el crítico no conoce y no desea conocer (el diccionario muerde, cuidado con él) es expulsada de la lengua bajo la etiqueta de «hipercultismo»? ¿Por qué lo que supuestamente se admira en los clásicos es lo mismo que se condena en los contemporáneos? ¿Por qué, sobre todo, esa recurrente apelación a un «lector manso» (tan irreal y tan inventado como todos), que no quiere complicaciones en su vida y no entiende de sentidos ocultos, pues al parecer no ha leído ni un folletín, toma leche en biberón y se chupa el dedo gordo del pie? (Portela 1999: 77-78)

De «las palabras murciélagos y razonamientos lechuzas» que atacaba en la sátira de marras don Francisco (de Quevedo, que no de Galavisión) a las palabras lechugas que denuncia nuestra joven crítica hay más, mucho más, que un debate estilístico, como el aludido, *en passant,* entre Mañach y Lezama: hay consumismo, hay globalización; hay quiebra, hay represión, hay diáspora.

En tal contexto, el dejo extranjerizante en sí ha dejado de ser alarde para convertirse simplemente en una reacción programada *por defecto* de la intrincada malla de la intercomunicación; un lugar común, pero de otro cariz: si antes fue un tópico digno de hilaridad o escarnio ridiculizado con la raya horizontal de una sonrisa irónica, ahora es vertical y llamativo signo de exclamación, o –al decir de Gustavo Pérez Firmat– una *vírgula* diagonal que sesga una diferencia y, en todos los sentidos, distingue (1999: 131). Por ello, lo inquietante es el barroquismo ortográfico que suele delatarlo, el cual, sometido a ulteriores influencias lingüístico-ideológicas, ha degenerado, como todo, en un caprichoso exceso de celo y dado lugar, entre otras cosas, a monstruosos nombres de pila como *Usnavy* o *Yessoviett*, atentando contra lo de *orto* en la grafía y poniendo en entredicho no sólo el lugar sino el sentido común. Así es: todo medra en la viña del Señor, humano huerto. Imperfecto jardín[2].

¿Qué azaroso periplo, pues, lleva de ὀρθός a *hortus*? ¿Del *orto* al lugareño *Ort*?

Orthós: medida de corrección, justeza, orden. Aquí, normativa de la lengua escrita, cuya notoria laxitud en nuestros lances interculturales –como en las veleidades galo-grecolatinas de la pluma lezamiana– animó al gentil (y políticamente *orthós*) Cortázar a oficiar una suerte de «despojo» a *Paradiso*[3] con vistas a su apremiante edición azteca (dado el súbito agotamiento de la nacional, impresentable). Hoy día se estampan alegremente por doquier, en medio de gran erudición o narrativa enjundia, desde curiosidades (orto-)gráficas tales como una gran variedad de *impromtus, inproptus* o *improntus,* en *CD-Room* y acompañados de *Scotish con soda*, hasta leves faltas de puntería como un orto-nominativo *Tractatum* de Wittgenstein (*e orthé*: *casus rectus*) y la alusión petrificada a ciertas volátiles ediciones Delea*tour*. Lejos de ahogar esas bienaventuradas ansias multiculturales, se trataría más bien de superar la cultura de la necesidad y plantear una auténtica necesidad de cultura, dentro y fuera, arriba y abajo, en el medio y en todos los medios.

Caso oblicuo o *wishful thinking* aparte, esas *fioriture* de nuestra orto-grafía tropical, floraciones silvestres de la(s) lengua(s) o manieristas volutas del pincel, cual loca enredadera o esos misteriosos entramados de grafía árabe que dieron un toque serenamente abstracto, tempranamente

---

[2] Un tema desarrollado por Michel de Montaigne y que ha retomado Tzvetan Todorov en su libro *El jardín imperfecto* (1999).

[3] Véase Cortázar 1968 y Espinosa 1986.

alternativo a siglos de pomposas figuras aladas o arropadas, son arbotantes que apuntalan el habitar poético (Heidegger 1954) en la expuesta casa del ser, que hacen de la lengua materna (*condition humaine* por excelencia) una personalizada lengua *matriz* (Lledó 1999: en línea) en el acto singular de crear texto o textura –lenguaje oral o escrito, imágenes visuales, auditivas o táctiles– o de forjar existencia carismática en habitaciones poéticas insulares, cuasinsulares, peninsulares, extrainsulares o ultraterrestres como la Azotea de Reina[4] y el Espacio Aglutinador de Sandra[5] en La Habana, la Casa de la Vigía en Matanzas y la de la Trova en Santiago, o el Café Nostalgia en Miami, o en ciertos lugares textuales o virtuales como fueron en su día las revistas *Pensamiento Crítico* y *Credo*, y antes *Cuba Contemporánea*, *Avance* y *Orígenes*, y siguen siendo hoy *Vivarium* y *Vigía*, y, tímidamente, *Unión* y *La Gaceta de Cuba,* en la Isla, así como *Encuentro* y *Espejo de Paciencia* en España, *Crítica* en México y *La Habana Elegante* (bis) en el espacio cibernético: ámbitos que representan los únicos lugares comunes y amenos de la nación dispersa, entre otros muchos que sin duda han sido, son, o surgirán *sub Sole* (el cual se eclipsa, asediado por la Luna, en este preciso minuto del 11 de agosto de 1999 aquí frente a mi ventana cisalpina, acudiendo puntual a la cita de Nostradamus con la promesa de en unos instantes, ahorita, ahora –¡ya!– exhibirme sus tres cuartos de corona de fuego a través de unos lentes de cartón y filtro de aluminio que me impiden ver esto que escribo y que habrían servido bien a Faetón, valga la rima): lugares, esos y aquellos, de aireado vaivén de ideas, de toma-de-medida: es decir, de delicado tira-y-afloja en la dosificación del fuego robado al vanidoso Helios.

Tales líneas rectas y rizomas invitan a una deriva que discurre de *orthós* a *hortus*, huerto o jardín –*orto* en idioma del Dante–, *locus* que puede encarnar ya sea, fiel a su procedencia etimológica, la mesura o contención dentro de un margen de libre albedrío, ya sea, traidor, su revés, la proliferación exuberante, barroca u obsesiva, del sujeto (personaje o follaje). En cualquiera de estas dos versiones, el huerto ha sido en Occidente, en

---

[4] Reina María Rodríguez, poeta cubana.
[5] Sandra Ceballos, artista cubana.

cuanto tópico (lugar común) en la historia de la literatura y *topos* de la vida amatoria, el *locus amoenus*, el ordenado o agreste escenario de lides de pasión casta o dadivosa, ora recoleto *hortus clausus*, ora prado abierto, punto de quiasma o cruce retórico-físico y de polaridad respecto de un centro irradiante y potencialmente s/cegador (un Sol de alguna índole): así el que enmarcó el encuentro de Acis y Galatea o de Dulcinea y Don Quijote, en su día, y el de Ynaca Eco Licario y José Cemí en nuestra *era imaginaria*. Y luego el merodeo conduce de ese sitio periférico-ideal a otro precario-real anejo al centro, lejos de la arcádica inocencia o rusticidad, en la urbe: el germano *Ort*, plaza mínima de asentamiento o destino: lugar *no-nonsense* —adulto— donde han de madurar (o no) los frutos del jardín, sede de edificación del *mérito* terrestre en el campo no menos salvaje de la técnica y el poder.

Allí, a discreción, se siembra o se cosecha, y tarde o temprano se perece en el intento. La hermenéutica y la heurística, en todos los tiempos, han echado una mano frente a tan azaroso reto: tal la didáctica de los padres de la Iglesia o de la filosofía, respectivamente, para explicitar la fórmula del Paraíso o formular la Idea, o la inventiva de los padres de Ícaro y de Faetón, proveedores de alas o vehículos volantes, para tocar el Sol. Y más cerca de nos, la escala tendida por Heidegger entre cielo y tierra, encaramado en la poética de Hölderlin, o las escaladas y escalaciones de unos audaces creadores de montajes goethianos —esos chicos de La Fura dels Baus, con Fausto, Berlioz y un elenco de cantantes e ingenieros en la arena escénica de Salzburgo— o de cósmicas *performances*, como las dirigidas por el compositor cubano-tirolés (*jawohl!*) George Lopez (a falta de acento orto-gráfico, pronúnciese probablemente *Lóopetz*) encaramado, él, en la cumbre picuda del Kitzsteinhorn, con vientos —cuernos montañeses, por cierto, entre otros vientos revestidos de bronce y vientos a secas— y cuerdas humanas y sintéticas, orquestado todo al eco de tambor y campana percutiendo duro en la cúpula celeste (Fastner 1999: 14). Vías éstas desde supuestamente infalibles hasta descabelladas para urdir aquella medida que el filósofo en su Selva Negra llamó *la dimensión*. Que no es el Cielo ni la Tierra, sino la distancia entre ambos tocamientos, acá y arriba, es decir, la justa habitación del hombre bajo el ojo intuido de la divinidad o, si se prefiere, al filo del Todo inalcanzable o a la sombra del intocado Astro; no otra cosa, en términos caseros, que el abandono de la des-mesura –la tan mentada *hubris*– y la asunción de nuestra humilde pero meritoria, pero creadora, pero natural e imperativamente poética condición mortal: un ciego e imprevisto tender hacia lo invisible –recóndito o encandilador– sin perder (de vista) la visión, con el rostro, las rodillas o al menos la punta de los pies en amistoso –y quevediano– roce con el polvo.

Cabe sacar a relucir aquí sin más dilación, a guisa de estela funeraria a los cándidos –si pérfidos– aviadores caídos, otro lugar común de la alta filosofía y la literatura universal caro a nuestras latitudes: la metáfora solar. Conceptista, pionera, Sor Juana Inés de la Cruz expondrá que Ícaro y, luego, Faetón osaron

> contra objeto que excede en excelencia
> las líneas visuales;
> contra el Sol, digo, cuerpo luminoso,
> cuyos rayos castigo son fogoso,
> que fuerzas desiguales
> despreciando, castigan rayo a rayo… (Cruz 1979: 276)

En esta, su faz represora de una intimidad desmesurada con el Astro, o en la vena salutífera y fundacional de su divina luz plasmada en la inteligencia humana como *lumen naturale* –único ámbito que escapa a la duda hiperbólica cartesiana, caldo de cultivo del menú de *tabula rasa* y el lento ascenso de la razón por la escala del conocimiento (hasta la prueba, circular, como corresponde, de la existencia de Dios)–, o aun en su aspecto fanático de endiosada dominación que gracias a su poder disimulatorio –su ciclo de ocultaciones y salidas– la libra del dominio ajeno, la metáfora solar es lo que se ha llamado, en el discurso filosófico (mas lo comprobamos, sin ir más lejos, en el lenguaje literario y en el habla cotidiana), una metáfora gastada por la usura, o muerta[6], es decir, un tropo codificado que ha perdido su vitalidad heurística, su capacidad

---

[6] Sobre el concepto de «usura» de la metáfora aplicado al discurso filosófico, véase Derrida 1972.

de recambio, y ha pasado a ser, metafóricamente hablando, un lugar común. Pero, eso sí, sumamente eficaz: reconocible, inevitable, fatal. Hasta el punto que en su manifestación como fuego fustigador o tiránico podría compararse con las llamas del infierno.

Ahora bien, todos estos círculos: cielo, paraíso, infierno, no por ser (también, ahora en sentido literal) lugares comunes se han convertido en metáforas muertas. Por el contrario, están vivitas y coleando, como lo demuestran, entre otras, las últimas declaraciones del Papa, quien puntualizó (*Deo gratias*) que el Cielo no es un lugar físico situado entre las nubes sino una relación personal con la Santísima Trinidad. Y para qué hablar de ese otro avatar del Cielo, el Paraíso, cuya abundante metaforología dio un salto cualitativo merced, en particular, a cierto par de novelas latinoamericanas que dinamitaron, hace ya varios lustros, sus confines. Por su parte, los jesuitas, haciendo gala de proverbial vanguardismo, aplicaron la desconstrucción más radical a la noción de infierno que teníamos desde que hace exactamente 700 años, en 1299, Dante descendió al Aqueronte para iniciar su *visita guiada* aferrado al brazo de Virgilio. El titular de *La Vanguardia* de Barcelona era elocuente: «Los jesuitas dicen que en el infierno no hay fuego». El fuego del Infierno, al parecer, brota ahora de un Sol cancerígeno y abrasador de retinas o un Astro exhausto y empeñado en la metáfora muerta; arde y crepita en Tierra, donde si otrora no hubiese saltado las fronteras de la suave Toscana el Dante habría fenecido en la pira de sus enemigos políticos. En ese sartreano infiernillo de *los otros*, el listo Marco Polo habrá aconsejado una arriesgada vía de supervivencia, que no de salvación: «reconocer lo que en medio del infierno es infierno, y hacerlo durar, y darle espacio» (Calvino 1993: 164). En cuanto al Purgatorio, Su Santidad lo desmitificó erigiéndolo como estado espiritual de transición a la beatitud, inmerso ya en el amor de Cristo, quitándole así todo su estigma de plomiza desesperanza y transformándolo, con las diferencias del caso, en una de esas clínicas de recuperación post-quirúrgica o cura de la obesidad en que tras denodados pero rentables sacrificios uno sale como nuevo. Único inconveniente de tan restaurado recinto: según la versión del dramaturgo húngaro George Tabori (véase Oller 1999), sus moradores se verían obligados a hablar la lengua oficial del Purgatorio

–el alemán–, lo que bastaría para que Mark Twain lo declarara *locus* por cierto *non amoenus* y más bien *horridus*[7].

En honor no sólo a la igualdad de *cobertura* –uno de esa nueva retahíla de derechos humanos que a veces impiden prestar la debida atención a los clásicos, los verdaderamente atropellados de siempre– permítasenos aquí abundar sobre el asombroso espectáculo cosmológico montado por el citado grupo de teatro catalán, aprovechando la feliz conjunción de su puesta en escena de *La damnation de Faust* de Berlioz para el Festival de Salzburgo en este «año Goethe» y el reciente eclipse total de Sol avistado por estos predios. Eclipse (moral) que sufre asimismo el personaje de Fausto, y en cierto modo también Margarita, quien pierde metafórica y literalmente la cabeza por el infausto héroe con el resultante reemplazo de dicha extremidad por una pantalla de computadora y la ulterior ignición de todo su cuerpo en el preciso momento del apagón. Se trata en esta versión *(no temáis una muerte...)*, de muñecos de ocho metros ubicados respectivamente frente al Goethe Institut de Múnich y en la falda del Gaisberg, monte aledaño a Salzburgo: ambos puntos situados en plena trayectoria del eclipse. Los directores artísticos de La Fura han revelado, en entrevista dada a un diario madrileño, que el concepto de la obra estriba en la coincidencia del recorrido del fenómeno solar con una anécdota del viaje de Alejandro Magno a Oriente en son de conquista: cuentan que Alejandro se topó con un anciano filósofo, Diógenes el Cínico, al que preguntó qué podía hacer por él; aquél, fiel a su apodo, le contestó que podía hacerse a un lado pues no le dejaba ver el Sol: diálogo que presidirá todo el postmoderno encuentro de los protagonistas. Tras el eclipse, anuncian los creadores, se colocará una parrilla con forma humana rellena de 40 kilos de carne sobre una barbacoa de brasas de carbón. Una gran comilona montañesa cierra el espectáculo: «fiesta simbólica que nos sirva para empezar la cuenta atrás de La condenación de Fausto [...], ritual puntual que acaba con una especie de aquelarre que compartimos todos los trabajadores de [la ópera] y el público que se una» (Vela del Campo 1999: en línea). Además de sacarse el sombrero ante una lograda creación

---

[7] «The awful German language», titulaba Mark Twain el apéndice D de *A Tramp Abroad* (1880).

artística de tamañas proporciones, cabe preguntarse si «la cuenta atrás de La condenación» (¿en cuanto obra o acto?) ha de entenderse como una esperanza de arrepentimiento o de redención universal, o si se trata simplemente de la impaciencia de La Fura por recoger, al término de su gira, el éxito rotundo que ya intuye será suyo en esta última temporada sobre las tablas del indómito siglo XX. En cualquier caso, a unos mil metros de altura —en el *happening* a la intemperie— o colgando de los principales *props* escénicos de la versión teatral —la infaltable escalera y el cilindro de compuertas móviles que abren el espacio de las faenas y tribulaciones humanas de abajo a superiores compartimentos de luz—, ellos también han tratado de inscribir la habitación del hombre, más allá de sus narices, en una dimensión poética.

Curiosamente, Kant ya había expresado con no desestimable *élan* retórico (ausente por lo general de su estilo seco y machacón), esa inclinación filosófico-sartoril a plasmar en el firmamento un patrón semejante a la *medida* hölderliniana:

> Dos cosas ocupan el pensamiento con creciente y renovada admiración y asombro mientras más frecuentemente reflexionamos sobre ellas: el cielo estrellado en lo alto y la ley moral en nuestro interior. No tengo que buscarlos y conjeturarlos como si estuvieran velados por la oscuridad o en la región trascendente más allá del horizonte; los veo ante mí y los vinculo directamente a la conciencia de mi existencia. [...] La primera visión de una multitud incalculable de mundos anula, por así decir, mi importancia como criatura animal que, dotada por corto tiempo de poder vital, no se sabe cómo, debe a su vez entregar la materia de la que fue formada al planeta que habita (una mera partícula en el universo). La segunda, en cambio, eleva infinitamente mi valía en cuanto inteligencia en virtud de mi personalidad, en la que la ley moral me revela una vida independiente de la animalidad e incluso de todo el mundo sensible —al menos en la medida en que ello puede inferirse del destino asignado a mi existencia por esta ley, un destino que no se reduce a las condiciones y límites de esta vida sino que se extiende hacia el infinito. (Kant 1991: 191)

En ese horizonte inteligible en que se inscribe el quehacer racional del individuo brillan inseparablemente con luz propia las nociones fundacionales de respeto y de fin en sí y el resultante concepto de autonomía de la voluntad como principios soberanos de lo que Kant llamó el imperativo categórico y nosotros podríamos llamar, estirando –o encogiendo– un poquito a Heidegger, un habitar *ético*. O citando al cubano José de la Luz y Caballero, que exaltado imprecó: «Antes quisiera, no digo yo, que se desplomaran las instituciones de los hombres –reyes y emperadores–, los astros mismos del firmamento, que ver caer del pecho humano el sentimiento de la justicia, *ese sol del mundo moral*» (en Vitier 1975: 34).

Ante ese telón de fondo se despliega así una suerte de orto-logía, sede o lugar común de la humana vocación de libertad, de la consustancial aspiración del ser racional a la justicia y la virtud, en la que sale y sube recurrente a su cénit (por una extraña elipsis en el vuelco del griego al latín, *orto* en italiano es también *aurora)* el inevitable Astro. En Cuba, sin embargo, esa combinación –pues toda metáfora es acercamiento de dos imágenes o ideas sobre la base de la analogía–, ese *sol* del *mundo moral* ha tendido, fatalmente, a lo largo de la historia, a cobrar proporciones catastróficas. Ya el filósofo y forjador de prohombres Luz amenazaba con el derrumbe de instituciones y… de astros. Martí –el Apóstol– profetizó con demasiada seguridad: «Yo soy bueno, y como bueno / Moriré de cara al sol» (1993: 260). Perucho Figueredo, músico y letrista de *nuestro* 68, sigue exhortando aún a los cubanos en el himno nacional: «No temáis una muerte *glorióoosa*, / ¡que morir por la patria es vivir!». Poeta y prócer, el siempre joven Rubén Martínez Villena, que sin duda no ignoró la suerte de Ícaro, se quería gigante para «ascender, ascender hasta que pueda / ¡rendir montañas y amasar estrellas! / ¡Crecer, crecer hasta lo inmensurable!» (1972: 92). Y el Sol de turno en este fin de milenio, ya no meteórico o cíclico sino estacionario, estancado, acuñó en su día de gloria el lema «¡Patria o muerte!» que, como salta al oído y a la vista en el (ese sí fidelísimo) idioma oral y mural cubano, ha sufrido sucesivas tachaduras o amputaciones hasta que en estos días de instalado *período especial* no va quedando indemne sino su último término.

Metáfora muerta: Sol eclipsado, luz negra. Moneda no convertible de faz obliterada, sin valor de cambio o (plus-)valía. Valor de uso reificado: usura. Usufructo del hombre como medio y no como fin en sí: abuso. Desplome de las propias y originarias comunidades, ciudades e instituciones: denegación de un lugar común y de un lugar ameno –fácticos– a la nación. Solaz y edificación en jardín ajeno, todo a precio mercantil y en moneda de sello perfilado, de cara dura. Tal vez, tal vez, como canturreaba mi abuela, la maestra rural, en los albores de este declinante siglo, *Martí no debió de morir…* Quién sabe si entonces, hoy, *otro gallo cantaría y Cuba sería feliz*. Pues «ese sol que ilumina el imperativo revolucionario» (Vitier 1975: 117) ha hecho demasiados estragos, precisamente por aquello de que «el factor decisivo [del pensamiento de Martí, encarnación, como luego Villena, de dicho imperativo] no le viene de los pensadores: le viene de los héroes y los mártires. Toda esa búsqueda de sí, sólo tiene un objeto: *darse*. Los más altos maestros de esta sabiduría no son los filósofos ni los moralistas, sino los héroes, es decir, los hombres volcados a la transformación redentora del mundo por el propio y voluntario sacrificio» (Vitier 1975: 85). Los filósofos y moralistas del caso, sin embargo, han demostrado a la larga tener mejor criterio pues –ya que estamos en el ámbito kantiano de los imperativos– nótese que a la luz de la razón pura práctica *darse* es virtuoso, *inmolarse* es harina de otro costal. Auténtico peligro surge, en cambio, cuando la filosofía propugna el heroísmo y el martirio, o cuando los héroes se meten, *inter alia*, a moralistas y filósofos.

Ese Sol de gesta mayor, ese Sol que pide sangre en aras de un principio libertario inciertamente legado a futuridad ha cumplido un siglo de fracasos y se eclipsa ya, es de esperar, para siempre. El Astro arbitrario y castigador ha *perdido cara*: su imagen se ha deteriorado hasta lo irreconocible y es, de hecho, cada vez menos reconocida. ¿Y la nación? La nación-promesa es hoy una especie de limbo, lugar –según recientes tomas satelitales y el último dictamen del Vaticano– cada vez más desierto: ficción fundacional (Bhabha 1990: 5) forjada por los padres de la patria, que

> ofrecieron al país naciente todo un metarrelato moral identificatorio, con su propia mitología del origen y el *telos* insular […]. Hasta el punto que hoy, a fines del siglo xx, la idea predominante de la nación cubana –lo mismo en la isla que en el exilio– todavía es romántica: muchos intelectuales cubanos siguen pensando que lo que los une y asocia es una tradición, un espíritu, una moral, cuando no un designio o una misión. (Rojas 1998: 126).

El concepto reificado de nación ha oscilado entre dos lecturas igualmente inmovilistas (pese a la propensión teleológica de la primera frente al carácter monolítico la segunda), a saber, como sentimiento nacional-popular preservado en una memoria radical o como aparato ideológico de poder estatal (Bhabha 1990: 3). Hoy, la nación diseminada en la diáspora quizás esté llamada a preparar no una totémica «comunidad de destino» (Rojas 1998: 60), sino el lugar literalmente *común* de la suma de destinos de la comunidad extensa, de la nacionalidad multicultural, suma no totalizante en un *numerus clausus* sino abierta al máximo de fructíferas combinatorias a fin de incidir cualitativamente en la composición y magnitud de sus componentes (Bhabha 1990: 312-313); no como mecanismo para imponer un guión unívoco sino como espacio de un «pacto moral y cívico» con la plena y libre asunción de la diferencia de todas sus partes: una *nación sin nacionalismo* (Rojas 1998: 132 y 1999: 146).

El himno de Perucho nos conmueve aún, pero por razones o asociaciones —como el estrépito de sus acordes cuando hacíamos fila frente al *rincón martiano* o bulto en la Plaza de la Revolución, o cuando lo escuchamos de pronto, mutilado por cortes y una babélica cacofonía de fondo, en algún noticiero de un país lejano— que no bastan para cimentar una nación cuya preocupación capital, ahora, no ha de ser librar combates a muerte sino recuperar y restablecer su menguada base humana y material: su propio huerto de lechugas y lechuzas, las floraciones y frutos de su ciudadanía ampliada. Esa repetición —en sentido psicoanalítico— del trauma de la independencia es un problema no de identidad (que a todos nos sobra la famosa cubanidad) sino de identificación simbólica y, por tanto, de lenguaje: una fijación imaginaria con el Padre-de-la-Patria y la Madre-Patria.

Algo, como una oleada subrepticia, me distrae de esta meditación. Son los imperativos del himno, que se proyectan, magnificados, desde el fondo de la pantalla, acercándose y alejándose intermitentemente frente a mis ojos. Al parecer, no cejarán hasta que me anime a exorcisarlos. Así que diré a quien escuche: Apátridas y Famélicos, Aislados y Exislados del mundo, uníos! Corred y reactivad todas las imágenes, todas las ficciones fundacionales, todas las metáforas muertas o agonizantes, y ponedlas en circulación —vale decir, en juego, sobre el tapete— cual moneda corriente con valor de cambio y valor agregado, preñada de ese germen creador y reproductor de utilidad y valía, y no de egoísta usura o interés devengable, retroactivo y retrógrado, en términos de ganancia o poder. Recordad: frente a la metáfora reificada, Lezama alza la metáfora *que participa* y contra la reificación de la metáfora filosófica Paul Ricoeur reivindica la noción de metáfora *viva* resultante de la función hermenéutica que crea una tensión entre imaginación y pensamiento, entre la elucidación del concepto y el dinamismo de la significación que el concepto fija (Ricoeur 1975). Derrida, no olvidéis, destaca el potencial subversivo de la catacresis, la metáfora de carácter forzado y extensivo que obra «una torsión que va contra el uso...» y «pese a que no crea nuevos signos ni enriquece el código, transforma su funcionamiento y produce, con el mismo material, nuevas reglas de intercambio, nuevos valores [...]: *producción* [...], pero como *revelación*, develamiento, puesta en evidencia, verdad» (Derrida 1972: 307).

Trepad por los rizomas de la lengua para desasnar el tópico o lugar común, suscitar combinatorias inéditas y aprovechar el cíclico agotamiento de las metáforas a fin de hacer explotar la oposición tranquilizante entre la carga del sentido transpuesto y el sentido «propio» (Derrida 1972: 323); reafinar las cuerdas atrofiadas de la comunicación y oír por un instante al menos, antes de montar nuevamente en el trampolín de la significación, el sonido prístino de las palabras. Entre las experiencias-límite del nominalismo y la catacresis, por la vía de mecanismos renovados de reconocimiento y creación de significado, buscad la posibilidad de ensanchar lenguajes, mentalidades. De atender a la deriva metafórica del *otro*.

O de la *otra*: que en su avatar de horticultora o hermeneuta dice: falta que Cuba devenga, propiamente, el lugar común de todos los cubanos, cuyo Sol vuelva a ser aquel por el que apostaba José Antonio Saco, no el tropo colapsado sino el que simplemente alumbra y calienta el mediodía del trópico; cuyo huerto alimente a todos los que edifican y habitan –ojalá poéticamente– su espacio, *ortos* o urbes: a la nación plural y pluralista, multicultural y culta, crítica y deliberadora, tolerante.

Y, como aquella o aquel que dice, digo yo: una nación cual metáfora viva: un habitar poético: un hacer sin desmesura y un lugar ameno, jardín sin casa a la sombra de una ceiba originaria o de la noche estrellada, da igual, flanco abierto y vacunado contra la pretensión titánica de tántalos y faetones. Una filiación de múltiple parentesco y Padre desconocido, abstruso. Patria soltera, hijos naturales. Jardín imperfecto. Lugar *común*.

Viena, agosto de 1999

De déspotas e ilustrados
(Kant, kynismo, Kuba)

Yo vivo en Viena: campamento, arteria fluvial, luego aldea, corte del sacro imperio romano germánico, real y principesca sede bicéfala. Austria, ex adriática república, apéndice anexado: territorio interior convenientemente susceptible de expansión, contracción o subsumisión, según los vientos que corran. Así, dícese de estos pagos A.E.I.O.U.: *Austria est imperare orbi universo*, y también, *mutatis mutandis*, A.E.I.O.U.: *Austria erit in orbe ultima*. En Cuba –isla, aunque continuamente en brega por vaciarse, desbordarse, estirarse y encogerse, ser violada o «anexionada»– los niños de colegio decíamos, burlones, A.E.I.O.U: masabelburroquetú.

Curiosa vocación de las vocales, de las letras, por los altos y bajos de la ilustración o el poder. Como ha señalado el filósofo alemán Peter Sloterdijk, el saber dejó hace mucho tiempo de ser materia de ocioso erotismo –un amor de la sabiduría en tanto filo-sofía– para convertirse, en el siglo XIX, en nietscheana voluntad de poder mediante el ejercicio sistemático de un vitalismo individualista o en arma burguesa de ascenso político y social gracias al aprendizaje dirigido de una educación formal. En la actual era de globalización post/neo/multi regida por la *razón cínica*, sin embargo, se trata ante todo, inversamente, de poder para tener (y manipular) el saber, tendencia que Sloterdijk remonta al *kynismos:* la original vertiente *cínica* de la filosofía griega representada por Diógenes de Sínope, según la cual antes de aspirar a cualquier saber hay que poder mejorar la propia vida (Sloterdijk 1987: 8-11). Tras la mala pasada que jugaron a la razón kantiana el jacobinismo y los excesos napoleónicos y su ulterior instrumentalización frente al creciente imperio de la técnica en colusión con las fuerzas financieras, con su consiguiente pérdida de finalidad y sentido trascendentes –ese «ocaso de la razón» definitivamente diagnosticado por la teoría crítica de Frankfurt a mediados del pasado siglo–, la razón ilustrada sucumbe hoy, según Sloterdijk, a una enfermedad fundamentalmente moral: el cinismo político de las hegemonías que se extiende como una plaga subliminal a todos los sectores de la sociedad, creando una rivalidad aparente entre «realismo» e «idealismo» en la que en efecto se oponen «un realismo esquizoide y un realismo anti-esquizoide. [...] El primero pretende asegurar la sobrevivencia; el segundo quisiera salvar la dignidad de la vida frente a los excesos del realismo del poder» (1987: 117). Los cínicos presocráticos, como Diógenes, y un cuasi-moderno (no llega al siglo xx: muere en 1899) autodesignado cínico, como Nietzsche, tienen en común la insolencia y el cálculo: «una relación distinta respecto de "decir la verdad": una relación de estrategia y táctica, de sospecha y desinhibición, de pragmatismo e instrumentalismo –todo ello en manos de un yo político que no piensa sino en sí mismo y que hacia adentro se escamotea y hacia afuera se acoraza» (Sloterdijk 1987: 9).

Al término de la Segunda Guerra, la teoría crítica, corriente filosófica que replanteó –negativa, contestatariamente– el diálogo con la ya sospechosa razón ilustrada, expresó una aversión visceral por todo lo que oliera a poder e intentó formular un saber que se situara lo más lejos posible de aquél, anclado –por un lado: el de Horkheimer, Marcuse– en la actitud vigilante y un tanto desesperada, en la denuncia y rechazo de toda instrumentalización de la razón o –por otro: el de Adorno– en la sublimación por la estética y la sensibilidad, en cierto ascetismo arrogante y escéptico de aceptar el dolor de la derrota sin deponer los principios. El balance, radicalmente condenatorio, del legado de la Ilustración y de su aprovechamiento y puesta en práctica por la sociedad moderna al que llegó la teoría crítica fue la constatación de la instrumentalización de la razón por el poder, con la resultante pérdida de autonomía y, por ende, de humanidad. Y en las postrimerías del siglo, Foucault, partiendo de Kant, concluye que la Ilustración, además de desafío filosófico, es claramente, desde siempre, un problema político que ha de atacarse, hoy, no rescatando elementos doctrinales históricamente añejos sino reactivando constantemente su dispositivo crítico mediante una actitud de asedio permanente a tres ejes del quehacer social: el saber, el poder y la ética (véase Foucault 1984). Por su parte, Sloterdijk propugna como única esperanza dejar atrás el asedio crítico a la vieja razón ilustrada para desenmascarar su más reciente aberración, la razón cínica: «Bajo el signo de una crítica de la razón cínica, la Ilustración puede renovar sus posibilidades y mantenerse fiel a su proyecto más íntimo: transformar el ser social por la conciencia» (Sloterdijk 1987: 116).

Saber vs. Poder

Curiosa vocación de las vocales, de las letras –ibas diciendo antes de ceder la palabra a uno de esos nuevos Ilustrados– también por el color: *A noir, E blanc, I rouge, U vert, O bleu…*: ¡Rimbaud, tú que precisamente dejaste las inofensivas letras para meterte hasta las últimas consecuencias en el espinoso proyecto de cambiar la vida, primero en tu inmediato ámbito bohemio y luego, no hallándolo a la altura de tu reto, internándote en el África profunda para exponerte a la ley de la aventura, del dinero, a la ley del más fuerte, oh Poeta-legionario volcado al tráfico de armas!

Controvertido dúo éste, en verdad, letras y armas. Recuérdese sin más que el autor del Quijote pone en boca de su delicado protagonista el famoso discurso de las armas y las letras, en el que privilegia a aquéllas: no en balde fue don Miguel de Cervantes y Saavedra el también célebre «manco de Lepanto» por su bravura en la armada –española, veneciana y pontificia– contra el Turco. El Caballero de la Triste Figura, más cuerdo en ese instante de lo que lo pintan sus detractores, afirma sin ambages de las letras humanas que «es [su] fin poner en su punto la justicia distributiva y dar a cada uno lo que es suyo, entender y hacer que las buenas leyes se guarden. Fin, por cierto, generoso y alto y digno de grande alabanza; pero no de tanta como merece aquel a que las armas atienden, las cuales tienen por objeto y fin la paz, que es el mayor bien que los hombres pueden desear en esta vida» (Cervantes 1980: 419).

Cultivar las armas para la paz, parece decirnos el guerrero letrado. Y puesto que la tendencia natural del poder en su época era hacia la belicosidad, habría hecho suyo aquel adagio latino que reza *si vis pacem, para bellum*. Cultivar no las armas, sino la razón, en su dimensión cosmopolita –es decir, global– para asegurar la paz perpetua, diría luego Kant. Pero la finalidad que asigna Cervantes a las letras no difiere mucho de los fines públicos de la razón kantiana, de lo que a su vez Foucault ha llamado la gobernabilidad o gobernanza: el ejercicio del poder.

Y qué decir de nuestro Martí y su doble ansiedad ante el excluyente ejercicio de las letras y las armas, su íntimo desgarramiento entre morir para la poesía (viviendo en ella) y vivir para la patria (y morir por ella). Este amor a la patria, profunda y consecuentemente padecido por él y por tantos próceres en aras de nuestra ansiada república, motivo y motor de tantas e inestimables independencias, fue sentido por aquellos héroes de siglos pasados como íntimo y espontáneo movimiento del espíritu en el que Kant (y dale con la *kantaleta*) cifró el progreso moral que representó en su día la Revolución Francesa, la cual encarnó la disposición moral de la especie humana a darse una constitución republicana fundada en los principios de libertad, de sumisión a la ley común libremente acordada y de igualdad en calidad de ciudadanos como medio de lograr el fin supremo del derecho de gentes, la libertad; del derecho público, la autonomía; y del derecho cosmopolita, la paz.

El amor a la patria, emblematizado por la figura del Héroe, «se organiza después sistemáticamente en el curso del siglo XIX como ideología política para terminar, en el XX, en un sistema demencial» (Sloterdijk 1987: 96); piénsese en los fundamentalismos políticos desde las sucesivas estilizaciones del leninismo hasta las diversas variantes del ultraizquierdismo, así como –degeneración extrema de dicho fenómeno– en el nacionalismo llevado a sus últimas y más inhumanas consecuencias por el nazismo y en las nuevas formas de terrorismo fundamentalista que vienen azotando recientemente al mundo. Pero incluso sin llegar al genocidio, en el ámbito latinoamericano el nacionalismo ha degenerado en la instauración en el poder de no pocos Déspotas, siendo el más notorio y longevo el imperante en Cuba a fuerza de someter a un pueblo a la condición de heteronomía o tutela, incapacitándolo para ejercer su libertad de expresión y de elección, y de fomentar la enemistad o el aislamiento políticos respecto de las demás naciones, cultivando un ánimo de guerra permanente contra gigantes y molinos de viento ora reales, ora dudosos, pero invariablemente provocados por su propia dinámica irracional.

Pareciera como si en este ocaso de la razón cubana se hubiese querido emular a escala pública el privado gesto rimbaldiano: las antiguas brigadas alfabetizadoras, armadas de ya oxidadas vocales y flamantes *kalashnikov*, fueron enviadas al frente africano a segar la guerra, a traficar en armas, letras y de cuanto hubiere. Consecuente con su desesperado empeño de cambiar la vida, aquel joven poeta que evocaba mi alter ego vienés murió al menos como hombre ilustrado, en su ley: amputado de una pierna, miserable tal vez, pero único responsable y víctima de sus actos. Los alfabetizadores soldados, en cambio, fueron mandados a Angola a morir como moscas en aras de la porfía de cambiar al Hombre, al Mundo, a todos los hombres y todos los mundos: África, Asia, América Latina, un, dos, tres, mil Viet Nam, patria y muerte…

En aras de un tal amor patrio se ha llegado a convertir a Cuba en el instrumento de la caprichosa voluntad de un Déspota para mantener a ese régimen en el poder a expensas del bienestar, la libertad y la unidad de un pueblo, todo ello adornado de consignas y enfados simbólicos, de gestos heroicos, de proclamados ideales de entereza y dignidad nacional. Si estos últimos –altísimos propósitos– bien pueden haber tenido en los albores de la revolución su cuota de sinceridad y sentido y haber gozado de un entusiasmo digno de la «simpatía universal y desiteresada» manifestada por el público a los protagonistas históricos, expresión que Kant identificó, en la Revolución Francesa, como señal de paso efectivo hacia el constante mejoramiento de la humanidad (Kant 1991: 182-183) –santo y seña de la Ilustración–, hoy en día ese régimen muy pronto tornado despótico tras abolir la antigua pluralidad, responde ante tales responsabilidades históricas con la dureza de oído y la lengua de trapo que caracterizan a la más pura razón cínica.

Vokación, digo –sukumbiendo ya irremediablemente a la fijación letrista o letrada– por el kolor. En Kuba todos los eskolares, ya fuesen de la enseñanza pública o privada, llevaban uniformes en los ke predominaba siempre un toke de kolor distintivo sobre el blanko de fondo o viceversa, el kual permitía identifikar, en kualkier eskina, la eskuela a ke asistía el edukando: azul añil, Estrella; azul cielo, Maristas; índigo o burdeos, Instituto de La Víbora o La Habana; amarillo mostaza, La Luz; verde verde, La Salle; rojo y blanko, Eskuela Públika No. 9 de Karmen y 10 de Oktubre; viola o morado, Excelsior y

Ursulinas; Edison, mi alma mater, karmelita: preciosista denominación ésta de estirpe peninsular y katólika para expresar el kolor más kubano posible –kafé, tabako, azúkar prieta, piel kanela– aplikable en este kaso, por lo demás, a un plantel orgullosamente laiko.

Porque como variados eran los colores de los uniformes –pluralidad hasta dentro de la uniformidad– así de variadas eran entonces las modalidades de la educación, sujetas a su vez, como es natural, a una normativa básica nacional. Estatal con estricta separación de todo culto, privada laica –de innumerables tendencias, desde la militar, masónica, anticlerical o agnóstica hasta la militantemente multicultural–, o privada confesional y, dentro de ésta, judía, bautista, evangélica y católica jesuíta, franciscana, dominica o mariana. Pero todas destinadas a formar a hombres y mujeres al menos autónomos dentro de su también diversa, desigual circunstancia social. Ahora la educación es de una sola pieza y (de)forma a hombres y mujeres sometidos a la voluntad de un Déspota que, cual padre autoritario, decide todo por ellos aunque tengan presuntamente resueltas todas las necesidades básicas (presunción esta última, como sabemos desde hace lustros, altamente engañosa). Resultan, por ende, atrofiados o manipulados en su innata capacidad y virtual derecho de actuar como seres dotados de libre arbitrio.

El propio Kant y en nuestros días Foucault han advertido contra los peligros de tan radicales proyectos. Dice el primero que si bien es posible que una revolución provoque la ruina de un despotismo personal, que ponga fin a una opresión inspirada en la venalidad o la ambición, nunca traerá consigo una verdadera reforma del modo de pensar, pues surgirán nuevos prejuicios que serán tan eficaces como los antiguos para mantener atado a un pueblo que no piensa (Kant 1994: 69). Y acota el segundo que el tipo de cambio que han de suscitar el ejercicio de la crítica y la reflexión sobre los límites de la transgresión no debe aspirar a una metafísica (por así decir, a un régimen puramente teórico) convertida en ciencia (en sistema), sino «dar nuevo ímpetu, en la más vasta medida posible, al desempeño indefinido de la libertad», teniendo en cuenta la realidad contemporánea, y por ende descartando todo proyecto con pretensiones absolutistas o extremistas, pues «sabemos por experiencia que la pretensión de escapar del sistema de la realidad contemporánea para producir los programas integrales de otra sociedad, otra forma de pensar, otra cultura, otra visión del mundo, sólo ha conducido al retorno de las tradiciones más peligrosas». Son preferibles, dice el filósofo francés, «las transformaciones parciales que se han hecho en la correlación del análisis histórico y la actitud práctica a esos programas de creación de un hombre nuevo que han repetido a lo largo del siglo XX los peores sistemas políticos» (Foucault 1984: 46-47).

Ilustración significa justamente salir del estado de minoría de edad y acceder, por medio del ejercicio de la libertad y la autonomía, a una progresiva madurez cívica. De modo similar, aprender no es sólo salir de la ignorancia de las vocales y consonantes, llegar a escribir y proferir las letras, firmar el nombre, ser alfabetizado. Grande es la diferencia entre ser alfabetizado y ser letrado. Y entre ser letrado y ser ilustrado. La alfabetización aplicada –por así decirlo– al vacío es condición para la adquisición de cultura pero no supone una tradición de cultura, una tradición *letrada*: es un terreno por abonar, generación tras generación. La ambiciosa gesta alfabetizadora cubana de los años sesenta alcanzó un noble pero también, no hay que olvidarlo, estratégicamente necesario objetivo. Frente al creciente éxodo masivo de la población letrada, garante y funcionaria de las instituciones sociales, había que prever un urgente relevo; las capas letradas permanecientes, cada vez más minoritarias, no eran suficientemente numerosas –ni, en muchos casos, dóciles– para llevar adelante la nueva cosa pública en todos los frentes. Era preciso consolidar el esfuerzo alfabetizador a fin de ganar adeptos, restructurar a fondo y a la vez seguir garantizando la enseñanza básica para formar los cuadros necesarios y reorientar estratégicamente la educación superior con miras a atender a los nuevos fines políticos e ideológicos.

Así se hizo, en efecto, no sin graves consecuencias: en primer lugar, la nivelación por lo bajo que supuso la nueva proporción entre letrados y recién alfabetizados en las instancias institucionales y el carácter ideológicamente exclusivo de la nueva educación; en segundo, la camisa de fuerza soviética elegida unívocamente e impuesta a la nación de forma premeditada y sorpresiva –a espaldas incluso de muchos correligionarios colocados en puestos gubernamentales clave de los que poco a poco irían siendo destituidos a medida que caen en desgracia– y, concomitantemente, el embargo económico decretado por los Estados Unidos en represalia a la osadía (pero también a la provocación) revolucionaria. Esta última consecuencia, agravada por el constante tira y afloja para hacer encajar a la fuerza un modelo económico ajeno a la realidad agroindustrial y social cubana y la improvisación resultante cuando aquéllo no iba, ha tenido, como se sabe, efectos devastadores para el bienestar y la salud de la población y desembocó, a la larga, el el aberrante doble estándar del «período especial» y de su economía y ética *paralelas*, seguido de un período que no tiene nombre (valga la expresión) y que podríamos llamar con toda propiedad período dinástico. Por su parte, el rasante reductivo aplicado al nivel educacional y el cuidadosamente impartido temor a la censura –y, por tanto, a la diferencia– han socavado a fondo la posibilidad de saber y la capacidad de pensar sin trabas.

Obsesionada aún por las primeras sílabas ke me enseñó mi abuela, maestra rural, Ilustrada si la hubo en los albores de la Repúblika –sílabas komo pan, komo lar, komo sí, komo no– diskúlpenme si insisto en algo elemental: hoy ke –kon mayor o menor brío, komo en la eskuela– todos los kubanos son o presumen de ser letrados, se imponen no obstante unas preguntas para analfabetos, ke el Ilustrado no se kansa de repetir:

¿Es aceptable, a estas alturas de la historia, que un pueblo esté sujeto a la voluntad inimpugnable de un Déspota –directa o vicariamente a través de *las palabras de su tribu*– durante más de medio siglo sin tener derecho a elegir a sus dirigentes y cambiar de gobernante periódicamente como el mundo más o menos civilizado? ¿Es justo que se imponga –y se acepte– hoy, en una nación de aspirantes a letrados, la prohibición, expresa en ciertos aspectos y tácita pero inequívoca en casi todos los demás, de ejercer la libertad de expresión, y que haya que hablar por señas, o callar, o bien –una vez proferidas–tragarse las palabras en público o en privado, o vomitarlas en la cárcel? ¿Es racional que se cierren revistas o casas de cultura, que se quemen remesas de libros regalados por instituciones benévolas entre los que se encontraban, en particular, ejemplares de la Declaración de los Derechos del Hombre de 1789? ¿Que se borren o difuminen, en los programas académicos de las disciplinas humanistas, autores fundamentales de la filosofía, la historia y las letras, del mismo modo que se han hecho desaparecer de los diccionarios de la literatura nacional los nombres de escritores y especialistas exiliados o declarados traidores por no ajustarse al molde uniforme? ¿Es acaso indiferente que durante décadas se haya atropellado y castigado de burdas o sutiles maneras la libertad de pensamiento, la libertad de culto, el derecho a practicar la diferencia sin que ello infrinja los derechos ajenos? ¿Es esta situación de sumisión, intimidación y represión digna de personas letradas? ¿Es ello admisible para para la inteligencia de personas pensantes, dotadas naturalmente, como todos los seres humanos, de razón y entendimiento?

No pocos Ilustrados progresistas –políticamente correctos– de aquí y acullá, en el pasado más o menos remoto, seguían justificando tales políticas, ya fuese por acción u omisión, expresa o tácitamente y con distintos grados de sincera vehemencia, íntima reserva o palmario cinismo, en aras de aquellos mismos ideales que parecía abrazar, en sus primeros meses de gloria, esa revolución y que tradicionalmente habían animado o animaron después a otros movimientos democráticos de la historia. La caída del muro de Berlín y el desmoronamiento de las fronteras de la «cortina de hierro» terminaron de mostrar a muchos de los que ya se habían sentido violentados por el respaldo a la invasión a Checoslovaquia, el caso Padilla, la clausura de *Pensamiento Crítico*, la sangría internacionalista de la guerra de Angola, el éxodo forzoso de cubanos por el puerto de El Mariel o el juicio sumario y la ejecución de Ochoa, y que verían con creciente consternación la caída en el «período especial», la dolarización y posterior desdolarización de la economía, la invasión del turismo sexual, la hégira de los balseros, el descenso de las avionetas, el hundimiento del remolcador «13 de marzo», la saga del traído y llevado Elián, el desempleo forzoso so pretexto de «flexibilizar» la economía, la continuada represión intelectual, moral y/o física a una población cautiva sin acceso a las verdaderas redes sociales, hoy globalizadas: terminarían de mostrarles, digo, el grado en que el régimen despótico había llegado a instrumentalizar la razón de estado, a instaurar y encarnar la razón cínica. Ya es hora de que aquellos Ilustrados progresistas, sobre todo en Europa y América Latina, empeñados aún en «valorar lo bueno» del ya senil régimen cubano, reconozcan que hoy –y desde hace mucho ya– no es posible seguir dando el beneficio de la duda: la razón y la ética se imponen y ellos también, sin son consecuentes con sus propios principios, han de dejar por fin de lado los criterios acomodaticios, el tan propiamente llamado doble estándar, y decir no al Déspota y sus acólitos.

> *La respuesta del Ilustrado a esas preguntas analfabetas y a estas agresiones (i)letradas es una de akellas sílabas simples: NO. No un no kubano: un no no. Porke ojo kon el no kubano, ke es de ampanga (y komo tal, gallego o afrikano y –kon el debido respeto a alguno de mis antepasados– digamos eufemísticamente, relativo). O sea: el no kubano es kamaleóniko e histrióniko komo el sujeto ke lo emite. Hay toda klase de teorías al respekto*[1], *pero la ke akí expongo es la mera esencia del no kubano: efektista, superlativamente afirmativo, negativamente kompetitivo, aumentativamente reduktivo, konkordantemente disyuntivo y, kómo no, solidariamente individualista. ¿Vite eso, tú? No, pero eso no e ná mi hemmano, deja ke tú vea. No no, pero ven aká, eso e una babbaridá, chiko. No no no, eso e tremendo. No, ké va, eso no tiene nombre, viejo. No, chiko, no, eso e una miedda.*

Crítica

Deber es de todo Ilustrado mostrarlo y decirlo, masivamente, so pena de quedar a la zaga en una eterna minoría de edad civil. Un ya nutrido grupo de Ilustrados lleva largo tiempo haciendo precisamente eso en la Isla y pagando por ello: con su salud, con su libertad y, por cierto, con su vida. Pero allí la inmensa mayoría letrada sufre y calla. Soporta. Bromea, gesticula y aguanta. Imita, caricaturiza y emula. Afina su destreza para el choteo, su talento bromista; hace alarde de fuerza y baja el moño. La razón cínica que los subyuga es más sutilmente poderosa que toda su espontánea exuberancia e incluso hace alarde internacionalmente de esa victoria pírrica.

Pese a que allí se producen regularmente manifestaciones opositoras de diversa envergadura que ocupan la atención internacional durante unos días o, en el mejor –o peor– de los casos, semanas, pronto caen en

---

[1] Véase Labarca 1998.

el olvido o la indiferencia y apenas obtienen una «solidaridad» efectiva que redunde en una fuerte denuncia de su causa a nivel global. Los sucesivos éxodos de cubanos por mar y aire son una muestra elocuente de la exasperación frente a la amordazada libertad de expresión y la represión de la diferencia, así como una demanda pública y masiva de justicia y verdad a la que se han ido sumando muy diversos sectores nacionales. Diversos proyectos ciudadanos y un número creciente de mujeres y hombres intrépidos siguen canalizando la disidencia y oposición internas, pero gran parte del mundo parece hacer caso omiso y la represión continúa abatiéndose sobre los cubanos de la Isla en periódicas oleadas. Hace un lustro se presenciaron mundialmente, casi en paralelo, dos hechos insólitos pero de una lógica política inexorable a la luz del análisis del poder que hizo el tan incomprendido Maquiavelo: la ofensiva unilateral estadounidense contra el Déspota iraquí y la ofensiva unilateral del Déspota cubano contra su oposición interna, empresas ambas llevadas *manu militari* a punta de fusil o de misil: actos igualmente intrépidos de supervivencia histórica que en esa inédita coyuntura equipararon de alguna manera, irrisoria si no fuera tan lamentable, a la arrogante islita del Caribe con la mayor (pre)potencia del planeta. Ahora la comunidad internacional se cierne *con tutti* sobre otro déspota al que se propone sí o sí, en aras de la democracia y los derechos humanos, eliminar del mapa: Khaddafi. Y sin duda lo conseguirá, si es que en estos mismos momentos en que escribo no lo ha logrado ya. Anteayer, ayer, hoy, en Cuba, los huelguistas de hambre, las Damas de Blanco y de Apoyo, los blogueros y periodistas independientes, los que acuden a la iglesia, los desesperados que salen a la calle a pedir comida o a reclamar sus derechos humanos, políticos, económicos y civiles más elementales, siguen siendo encarcelados y agredidos con creciente ensañamiento: equipo antimotines, gases lacrimógenos, fuerza bruta, vejaciones y violencia verbales y, muy en particular, sexuales. Los medios de difusión colectivos e individuales cubanos del exilio vienen denunciando sistemáticamente la situación despótica y dictatorial imperante en la Cuba de los Castro, las noticias corren y vuelan por todo el espacio cibernético y nadie en las cúpulas internacionales puede ya desconocer lo que allí cuece un clan más longevo en el poder que el líder libio y toda su prole. ¿Quién podrá por fin, también en aras de la democracia y los derechos humanos, convencerles de la oportunidad y, cada vez más, de la necesidad imperiosa de fomentar el apoyo internacional y masivo a un nuevo rumbo para Cuba so pena de perderla irremediablemente en su ciega carrera regresiva, literal carrera contra el tiempo?

Pues el dilema político cubano es demasiado antiguo y ello ha jugado a su favor. La guerra fría es cosa del pasado y son otras las prioridades actuales, otros y mucho más explosivos los focos de conflicto en otras partes del mundo. Para colmo de males, el auge del dólar y del turismo pusieron a Cuba de moda y pese a la crisis financiera mundial, la «moda Cuba» no cesa y es tal vez a estas alturas (junto con la biotecnología, incluidas las operaciones del Cenesex, y quizá el *boom* del tabaco, que hace furor entre cierto tipo de europeos), uno de los poquísimos rubros nacionales –que no extranjeros (como el petróleo de Chávez y las remesas de los exiliados)– que justifican que a eso se dé el nombre de economía. A falta de zafras u otras fuentes de ingresos sustentadores, Cuba se ha puesto a sí misma en el mercado y logra venderse: su tierra, sus mujeres, sus hombres, su son, su santería real o envasada para el consumo ajeno; con ello, a la vez, consigue diluir los potenciales ánimos opositores, pues el que menos, en Europa e incluso en Norteamérica, ha ido a Cuba en viaje de placer o visita *humanitaria* y ha vuelto embrujado por las mulatas, los mojitos y la música, por la exuberante vitalidad y sensualidad de su gente, «a pesar de los problemas». Ello hace incluso que esos visitantes –los menos inconscientes de ellos– borren toda huella de un eventual sentido de culpa. Los otros ni se enteran.

No hay que olvidar la advertencia, plasmada en los escritos de numerosos ensayistas cubanos de la diáspora, entre los que me incluyo, y reiterada hace algún tiempo por un antiguo *fellow traveler*, que por fin dijo basta, de que

> no hay nada que una sociedad pague más caro que un sistema totalitario. El terror que ejerce no es sólo de tipo físico; no se limita a la tortura y al asesinato. Un dominio de este tipo provoca pérdidas de sustancia humana que se dejan sentir decenios después de su fin. Empieza con la expulsión y huída de los mejores, una pérdida de la que una sociedad jamás se repone totalmente. […] Se transforma la mentalidad de la mayoría que se queda

en el país, transformación tanto más duradera cuanto más prolongada sea la tiranía. Los déficits de civilización, la ausencia de ley y responsabilidad prevalecen, se producen perturbaciones de la percepción y caen todos los umbrales de inhibición. Hasta que no se derrumba un régimen de ese tipo no se manifiestan estos daños a largo plazo. La resocialización de pueblos enteros [...] es un proceso extremadamente prolongado y complejo. (Enzensberger 2003: 13-14)

Algunos, aun más rezagados en su desistimiento, como el Nobel Saramago, esperaron hasta la post-historia, hasta esta naciente era que está pariendo un corazón *otro*: el que anima por igual a las nuevas gestas terrorista y antiterrorista, desatadas y alimentadas desde el 11 de septiembre de 2001, a los nuevos maniqueísmos de turno, susceptibles de cobrar dimensiones inquietantemente planetarias. Poco a poco, en esta volátil fase de belicosidad fatal –la guerra caliente–, cabe esperar que los *demócratas* que en todas las latitudes aún saludan o toleran el medio siglo de dictadura castrista en Cuba comiencen a deponer su orgullosa ceguera y por fin se atrevan a *ver*.

Ante el nefasto estado de cosas en la Isla –diezmados, encarcelados o amenazados los opositores políticos y disidentes internos–, la tarea de mantener permanentemente sobre el tapete y denunciar de forma sistemática las más recientes aberraciones de la agonizante revolución debería ser compartida por los intelectuales no oficialistas de la Isla con prestigio y visibilidad internacionales que les sirvan de escudo y por los de la diáspora cubana intercontinental: conosureña, patagónica, ultramarina, celtíbera, panhanseática, alpina y cisalpina, y hasta transcaucásica. Y, con más urgencia, debido a su efecto multiplicador, por una comunidad internacional –Naciones Unidas, gobiernos y organismos democráticos del mundo– que debiera practicar lo que predica y por tanto reconocer y aplicar sistemáticamente con respecto a Cuba, evitando todo criterio acomodaticio, esos principios de *minima moralia* a que ya aspiraba en la postguerra sin ninguna esperanza Adorno, y que hoy están, con ímpetu renovado, a la orden del día.

Ética

Frente al fenómeno de la globalización, surgido en el decenio de 1980 a raíz del final de la guerra fría y de una sorpresiva conjunción de factores como el eslabonamiento sistémico del capitalismo financiero, el asombroso desarrollo de la tecnología informática y de las comunicaciones y la conquista del espacio cibernético mediante la creación de la Internet, todo un importante sector de la filosofía contemporánea reconoce, desde perspectivas diversas y a menudo complementarias, la (utópica, según sus críticos) necesidad de formular una ética universal que permita garantizar un control responsable de esos fenómenos y de sus consecuencias proporcionando un marco internacional de principios morales básicos en materia de derechos humanos y política social y ecológica, una suerte de mínimo común denominador ético aplicable y aceptable por todas las partes interesadas por encima de cualquier diferenciación ideológica, cultural o religiosa, y que incluye el reconocimiento «de la igualdad mutua, [...] los derechos de libertad de expresión [...] y [...] tolerancia y respeto mutuo» (Apel 1999: 63), utopía que muy lentamente empieza a ver la luz, tal vez, en el marco de la Unión Europea con el beneplácito de selectos sectores de países de otras regiones.

Sin embargo, al decir de algunos incombustibles, en los tiempos que corren la pérdida de Cuba a los males heredados del siglo pasado y a los del incipiente milenio –los nuevos «ismos»– se evitaría únicamente gracias a la supervivencia del régimen despótico. Tiempos de la maldita globalización, explicaban unos. Riesgo de «macdonalización», llegó a decir la marxista chilena hasta hace poco residente en Cuba Marta Harnecker, viuda del siniestro «Barbarroja» (Castilla 2000: en línea). «Brasilianización», advirtió no sin razón Rorty, aunque en Cuba tal escenario consistiría en el empobrecimiento del 99% frente a un 1% de de la población: la «superclase» que detenta el poder[2].

---

[2] Richard Rorty define el concepto de brasilianización como «el surgimiento de una "superclase" constituida por el veinte por ciento de más alto nivel de la población a costa del persistente empobrecimiento del resto» (1998: 114).

¿Barbaké? Y dale ke dale kon los kolores, komo si no supéramos ke también ellos están reketemanipulados por la globalización. La pobre selva amazónika, cada vez fulminada por el hueko de la kapa de ozono, ha perdido su auténtiko kolor verde koto y la están dejando de un kolorcillo kaka (¡kuidado kon el zoológiko de La Habana!). La kadena Makdónal tiene, en kambio, unos magnífikos hoteles en los ke el kabecero de la kama es una gran M amarilla, la ducha una kabina —plástika, komo es natural— de un tono turkesa oskuro y las kortinas a rayas de todos los kolores primarios, emblemátikas del karákter primitivamente atraktivo de la oferta de dicha kompañía. Por su parte, Barbarroja y toda akella fijación rojinegra kon su moral sadomasokista, son kosa de otra époka y ahora lo úniko ke vale es el kontakto kontante y (kon)sonante en las nuevas mekas de la kompraventa para akólitos y kapitalistas de última generación, kon nombres komo Playazul, Solymar, Olaesmeralda, Cielorrosa, Kayokoko, Nakarlux, y en globalizados paraísos artificiales del tabako —¿o la koka?—, el jineterismo y otras kuriosidades...

La realidad es que Cuba, contrariamente a la agonizante retórica del Déspota —que ahora se difunde con menos carisma por boca de su Hermano pero sigue tronando en sus semanales exordios desde *Granma*, periódico oficial y único del país— y a la oportunista cháchara de su séquito, y pese a los augurios de los profetas del doble estándar, no sólo ha entrado ya de lleno en la globalización sino es, como ya se dijo, una forma *sui generis* de brasilianización y hasta de algo muy semejante a la macdonalización, por obra y gracia de la propia política del régimen —desesperada pero astuta— para desviar la atención de la esquelética economía y de la resultante instauración de un radical sistema de clases ya no basado en las clásicas —y al menos eficaces— reglas de la acumulación del capital y la propiedad de los medios de producción sino en los caprichosos cánones de la razón cínica y en la consumación de la sucesión dinástica, por lo que en este último aspecto se asemeja, paradójicamente, al derecho divino de las monarquías medievales.

Las normas de procedimiento de la ética del discurso ilustrado imponen restricciones puntuales, específicas, a las posturas maximalistas, es decir, a las posturas que normalmente incorporan todos los valores y contextos de una determinada sociedad, cultura, etnia o religión, o grupo dentro de éstas y, por tanto, rebasan el mínimo común denominador moral que posibilita el consenso universal sobre cuestiones que afectan a toda la humanidad. Tales restricciones temporales tienen por objeto precisamente crear la condición de posibilidad de llegar a un tal consenso en torno a una determinada cuestión, haciendo abstracción, en aras de esa solución de avenencia, de ciertos valores o principios particulares que la impedirían. Sin embargo, los llamados «valores comunes» por mor de los cuales a veces es preciso poner entre paréntesis ciertos otros valores, son por lo general nociones espontáneamente reconocidas como válidas universalmente por toda cultura democrática y no autoritaria, como aquellos valores consagrados por la Revolución Francesa, antes de que se convirtiera en despotismo y dictadura, refrendados luego en la Carta de las Naciones Unidas y demás instrumentos normativos internacionales.

Para una eventual transición post-Déspota(s), Cuba-Isla y Cuba-Exilio deberían, desde ya, ir probando a hacer abstracción de sus valores maximalistas y a ajustarse –véase el planteamiento similar, en otros términos, del añorado Jesús Díaz en su artículo «Cuba rota» (2000)– a los parámetros de una ética universal en ciernes pero ya incipientemente operacional a nivel internacional en el marco de los procesos de verdad y reconciliación emprendidos, por ejemplo, en Argentina y Chile después de las dictaduras militares de los setenta hasta entrados los noventa y en Sudáfrica tras el fin del *apartheid,* y de los primeros casos de indemnización y devolución de obras de arte robadas a las víctimas del Holocausto por bancos, museos, gobiernos y particulares, con o sin mediación de la justicia institucional, así como de las demandas de extradición de dictadores y otros autores de crímenes de lesa humanidad interpuestas por varios países y los fallos de tribunales internacionales e incluso nacionales, como fue el caso del dictador chileno Augusto Pinochet. Y es imprescindible además que el mismo impulso reivindicador, la exigencia de justicia restitutiva y las sanciones conexas impuestas a las dictaduras fascistas, racistas y militares de derecha, prevalezcan y se ciernan también, desde la comunidad internacional, sobre la ya largamente impune violación de los derechos humanos, económicos, civiles y políticos del pueblo cubano en su conjunto perpetrada por la dinastía castrista, así como sobre toda violación de esos derechos cometida por regímenes dictatoriales supuesta o manifiestamente de izquierda.

El caso Pinochet, si bien el tirano falleció sin ser formalmente procesado en justicia por crímenes de lesa humanidad so pretexto de demencia senil, demuestra que gracias a la iniciativa ilustrada del juez español Baltasar Garzón –¿nuevo tipo de «héroe» del siglo XXI?– fue posible poner en tela de juicio en el plano mundial los actos atroces de un dictador, tanto los perpetrados dentro de su propio país como sus proyecciones transfronterizas. Aunque en definitiva la extradición a España no haya sido otorgada y Pinochet haya podido volver a Chile, donde no obstante fue despojado de su inmunidad parlamentaria y juzgado ante los tribunales por delitos de homicidio premeditado e inhumación ilegal, el compromiso *cosmopolita*, como diría Kant, y la movilización internacional respecto de tales crímenes de lesa humanidad y de flagrantes violaciones de los derechos civiles y políticos cometidos por un gobernante han sentado un precedente efectivo y eficaz de ética universal que, a la luz de los más recientes procesos terminados y en curso contra genocidas de la ex Yugoslavia y déspotas del mundo árabe instalados eternamente en el poder, no sería el único.

Tal vez no sea del todo gratuito ese epíteto aplicado, exclusivamente en este contexto, al juez Garzón. Si alguien en aquel umbral de siglo y de milenio dio muestra de *modernidad* en lo civil, fue él. La divisa de la Ilustración, según Kant, es *sapere aude*: osa saber. Al respecto, Foucault señala, por una parte, que la Ilustración es a la vez un proceso de participación colectiva de la humanidad y un acto individual de coraje que incumbe a cada persona. Por otra parte, puntualiza que la Ilustración como la concibe Kant, además de ser un proceso general que afecta a todos los hombres (al derecho cosmopolita o universal) y una obligación prescrita a cada individuo (emanada del «derecho de gentes» o derecho civil), constituye un problema político (relacionado con el derecho público o gobernanza). Por último, destaca Foucault como característica de la modernidad la actitud de Kant al abordar el tema de la Ilustración en cuanto reflexión crítica sobre la condición contemporánea de la propia actividad que lo ocupa y la relaciona con la modernidad tal como la concibió Baudelaire, a saber, la adopción de una «actitud deliberada y difícil» con respecto a la conciencia de la discontinuidad temporal a fin de rescatar la parte de eternidad inherente al instante mismo en su efímero *ahora*, actitud «que hace posible captar el aspecto «heroico» del momento presente» (Foucault 1984: 35, 37, 39-41) –o como dice Richard Rorty, «el escenario utópico que nos muestra cómo alcanzar un futuro mejor partiendo de nuestro presente» (1998: 114)– y que es asimismo no sólo un tipo de relación que se establece con el tiempo sino con uno mismo. Y la (auténtica) Ilustración es precisamente, según Foucault, no sólo el modo de entrar colectivamente en la modernidad sino, sobre todo, la capacidad de inventarse a sí mismo.

> *En* El pintor de la vida moderna, *Baudelaire, Poeta de poetas e incisivo kronista de su época, kalifikó de «ascetismo» e «invención de sí» las kualidades del artista y del dandy, palabra ésta, dicho sea de paso, kon múltiples e insospechadas asociaciones kubanas, komo la Kolonia Dandy ke usaba todo elegante kaballero, al menos en la kapital. Hasta akí me llegan los efluvios de ese klásico aroma de mi infancia emanado del blanko pañuelo de mi padre. Y ké decir de Julián del Kasal y el Konde Kostia, máximos exponentes del dandysmo habanero, kienes –komo ascetas, sí, y hedonistas también– se inventaron vidas, o al menos poses, kalkadas al Des Esseintes de* Al revés *o al mismo Baudelaire, kuya vida privada kompetía con la públika en eskándalo y disipación. Por algo terminaron llamándoles dekadentes: pero nada, absolutamente nada en komparación kon este último fin de siglo y lo ke va del nuevo. Se kedaron kortos, no hay más ke echar un vistazo por el Malekón. Y en kuanto a la kapacidad de inventar(se), no hay kien nos gane. ¿Pues no hemos sido siempre los más modernos, los más kool, los non plus ultra del Karibe y de toda la Amérika Latina?*

Ni artista ni dandy que se sepa, Baltasar Garzón, juez, demostró ese valor personal de osar saber –y osar *hacer*– conforme a un imperativo moral y profesional –civil y público– y universal –cosmopolita– y encarnó la actitud de modernidad kantiana respecto de su tiempo al desvelar, entre el oscuro y denso magma formado por los efectos de la globalización y la razón cínica, un aspecto trascendente y «heroico» de *esta* contemporaneidad: un arma potencialmente, como decía León Felipe, cargada de futuro. Y es esa clase de arma que hemos de apuntar hacia Cuba. No necesariamente en una repetición del *escenario* Pinochet, puesto que el Déspota isleño tomó debida nota de los riesgos a que se exponen los tiranos que se creen impunes y, privado ya no sólo de juicio sino de salud, sin duda previno oportunamente a su sosías y demás candidatos de su lista de sucesión. No necesariamente a manos del mismo juez, que ya cumplió con creces. Mas precisamos muchos otros héroes civiles en nuestro ámbito cubano y en el foro internacional (¡uno, dos, tres, mil Garzón!). Hemos –los Ilustrados de fuera y de dentro de Cuba y del resto del mundo– de despertar a ese estado audaz y alerta de modernidad crítica –osando saber– que ya demuestran los que, desde la página impresa y los portales cibernéticos de la libertad de expresión, o desde los espacios mediáticos semiclandestinos robados a la vigilancia y la censura internas, exasperan al régimen con sus palabras y sus actos. De otro modo, pero con el mismo peso específico y simbólico que tuvo en su día la actuación del juez, el contingente consciente y activo de la diáspora –historiadores, economistas, politólogos, comunicadores, hacedores de las artes y las letras– y los disidentes de la Isla –activistas de derechos humanos (de *todos* los derechos humanos, incluidos los de la comunidad LGBT, que no necesita de una infanta castrista manipulada y manipuladora, maquiavélica ella), e intelectuales, artistas, periodistas, blogueros y manifestantes espontáneos, que arriesgan lo que apenas tienen, cumplen todos esa función crítica y salvadora, no sólo para la Cuba de hoy, con miras a agilizar el desplome del Déspota y su dinastía, sino también para la nación futura, cuyo pueblo mancomunado participe cívica e ilustradamente en la reconstrucción democrática (y material) del país.

Viena, ciudadela de la Europa central,
por los albores del siglo XXI

Viaje por la vitrina vienesa de Vigía

El descubrimiento

Como la América para Colón, antes que un lugar fue un deseo. Es decir, lo contrario. Una errancia. Una búsqueda. ¿De qué? No se sabía bien. Algo, un enlace, un arraigo, una imantación. Una imantación, sí.

Ocurrió en Guadalajara, México. Un recinto demasiado grande, frío. Pero quemante de intereses y vanidades. Se dice que hasta intrigas se cuecen. Salvo en el cuadrilátero de una exigua mesita improvisada en el peor rincón, a un lado de la entrada, apenas atendible entre el trasiego y el ruido. Y una joven menuda de ojos verdes, sentada, como esas campesinas con los siete melones de su huerto al borde del camino, ofreciendo su mercadería.

Un producto no como los otros, sobre un rectángulo que no era cualquier mesa: una superficie irradiante como las ventanas de Ynaca Eco. Salían de allí unos hilos dorados que me enlazaban por el puño y me halaban desde lejos. Temiendo lo inevitable, mantuve en este punto una distancia, si curiosa, prudente. Entonces invadieron mi reducido círculo, saltando sobre cráneos pulidos o frondosos, un rosa viejo, un fucsia, unos índigos que se pegaban a mi pupila y teñían todo objeto contiguo. Raras partículas de cirio, papiro o henequén, polvo de estrellas, plumas se depositaron insensiblemente a mis pies trazándome la vía a seguir, nueva Gretl, en aquel trasnochado bosque.

Historia antigua

Fue en 1993, año en que se otorgaba el Premio Juan Rulfo a Eliseo Diego. Yo había ido a la Feria del Libro a participar en un simposio internacional de escritoras. Pero tanto o más que ello me atraía la posibilidad de conocer a Eliseo, de hablar con Cintio Vitier y Fina García Marruz, a quienes había abordado hacía más de una década en un coloquio en Columbia University. Yo había sido compañera de curso de Sergio, su hijo mayor: modesta y a mis ojos entonces necesaria carta de credenciales para osar una aproximación tan temida y deseada, en mi afán de afirmar mi precaria identidad con unas migajas de legítima cubanidad. Me urgía decirles, en resumen: deseo crear puentes, nuestra cultura es *una* y pertenezco a ella como ustedes. Ahora, en Guadalajara, podría acercarme, darles mi libro de poesía aparecido en 1990. Desde esa fecha, en que había estado en Cuba por primera vez en casi 30 años, preparaba un segundo, volcado en el súbito del reencuentro, la copa amarga del exilio y la esperanza de reconciliación.

La cita

Sobre el cuadrílátero aquél brillaban los objetos que habían exhalado extrañas vibraciones, obrando la suerte de hechizo que por fin, tras dudosos quites y desvíos, me condujo hasta allí. Estaba un libro de traducciones del inglés de Eliseo, que contenía la luctuosa elegía de Thomas Gray, uno de los poemas favoritos de mis melancólicos catorce o quince años, y el de Marlowe «A su esquiva amante», que junto con el suave epicurismo de Ronsard me titilaba a mis pícaros diecisiete. Estaba, de los inagotables Cintio y Fina, un volumen que recogía poesía y ensayos dedicados a San Juan de la Cruz en su cuatricentenario. Había también un *pergamino*, especie de desplegable con una pequeña lazada de cáñamo para colgar en la pared, develando un poema de autora desconocida, Gisela Baranda. Y un volumen de un tal Zaldívar cuyo título, *Con el cuidado del que pisa en falso*, repercutía curiosamente en mí como un eco de algo vivido.

Y detrás, unos ojos. Envuelta ya en el ámbito inmediato de la mesa no supe decir de dónde provenían los efluvios más fuertes, si de esos libros con cera chorreando y pabilos marchitos, con irisaciones de espejos o de ángeles o, como reza la inmortal canción, de aquellos ojos verdes. Gisela Baranda. *Ediciones Vigía*.

El cuerpo a cuerpo

Se entabla entonces la negociación. Una simple compraventa. Nada más normal: el libro, en la Feria de Guadalajara, como en la de Frankfurt o Santiago, es mercancía, pura y lisa. Ella vende. Hola. En dólares (estamos en México). Yo pago. Me quedan 75. Partimos al día siguiente. ¿Éste? Cuarenta. Aún hay que comer hoy, el hotel con tarjeta, pero el taxi... ¿Y éste? Treinta. Mmm. Ya con prisa, vuelvo a la carga. ¿Y los otros? Quince y veinte. Calculo mentalmente diversas combinaciones. Yo, cubana. Sí, escritora. ¿De Matanzas? Decídete: luego es tarde. Dudo aún. Es que empieza el recital con Eliseo, así que... Ella también lee. Ah, éste es tuyo... Cuento y recuento los billetes a vista y paciencia de *Los paseantes*, nombre del poema colgante –que miro de soslayo y que no podré comprar– de la de ojos verdes. Bueno, ya: el de Eliseo y el de los Vitier. Llega él. Ah... tú eres éste. Zaldívar. Me gustaría llevarlos también pero no me alcanza, digo a mi librera esperando el vuelto. Incómoda sensación de Anita la huerfanita regateando a los poetas sus *Papeles pobres*, como acota el título del otro *pergamino* en venta, el de él. Ni lo uno ni lo otro, tácitamente me corrijo. Pero por fortuna es gente sensible, lee no sólo libros sino rostros. Me los deja en 40, 20, 10 y 5. Sonrío agradecida, deshaciéndome sin más del resto de mi viático. Ella inscribe escrupulosa cada monto en el registro oficial. Yo respiro aliviada: todo indica que nos seguimos viendo.

Terminado el recital, en que Baranda y Zaldívar leen *côte-à-côte* con los ungidos, esos objetos mágicos siguen haciendo de las suyas. Por lo pronto, los libros se transforman. Dedicatorias vienen a llenar un vacío, esa tierra de nadie entre el libro como mercancía, su cubierta-anzuelo, y el libro como palabra, soplo vivo, alma: su fondo de misterio. «De su amigo Eliseo Diego» firma la mano temblorosa, ya rondada por la muerte, aquella «Conversación con los difuntos». Fina y Cintio estampan, a la sombra de San Juan de la Cruz, «un saludo fraterno». Pese a la menguada rentabilidad de mi compra, Zaldívar pone su «segura amistad». Amén.

Ecos y murmullos

Las voces también obran su embrujo. Las voces en coro y *a capella* allí me cuentan un secreto a voces: el cincuentenario de *Orígenes*, La Habana, verano y 1994. O sea, dentro de unos meses. Ponencia, carta invitación, dice Cintio; 70º cumpleaños de Carilda en Matanzas, visita a la Casa de la Vigía, maratón poético, dice Alfredo... Zaldívar, director y fundador, en 1985, de las Ediciones Vigía de Matanzas. Carilda es Carilda Oliver Labra, matancera poetisa de rompe y rasga.

Las promesas se cumplen. Se hacen ponencia y visita, se abren horizontes, nuevos vínculos personales y profesionales, se despliegan generosos el *saludo fraterno* y la *segura amistad* plasmados en Guadalajara sobre aquellos papeles reciclados, grabados, pintados a mano de las Ediciones Vigía. Y Gisela y Zaldívar siempre ubicuos, acarreando alegremente varios kilos de libros de un lado a otro como si fueran remesas de plumas de pavorreal. En La Habana, primero, pasamos muchas horas juntos: de la inauguración del cincuentenario a la lectura de Cleva Solís a la intervención de Antonio José Ponte (que se augura polémica) al concierto de Julián Orbón a la exposición de revistas a la casa de Lezama a la paladar de Momy, donde comemos, entre otros manjares inefables, mamey.

En un rosario de ulteriores eventos, viene a desayuno Rosa Marina con perlas cultivadas de Teilhard de Chardin. En el escándalo del mediodía el arquitecto Bilbao hace su enigmática aparición junto a un cuadro de Matta. A la hora del coctel, en un salón del Vedado que podría ser vienés, Roberto Méndez, esteta y aun mejor poeta, brilla cual Conde Kostia bajo los destellos del cristal de Bohemia. Más tarde, vista desde la altura de la eternidad, la azotea de Reina —como la mesa de Gisela— es un patio de luz bajo el agujero negro de la noche: chispas áureas de la frente de Ponte, rayos de lúcida obsidiana de los ojos de Fowler, humo plateado del ceño de Rolando, nacarados visos de la voz de Antón. El volcánico hervor de veinte corazones al unísono. Y un hada de ópalo rondando el sueño de Elís[1].

---

[1] Las personas mencionadas en este párrafo —la poeta y ensayista Rosa Marina González-Quevedo Valhuerdi, el arquitecto Armando Bilbao, los poetas Roberto Méndez, Reina María Rodríguez, Antonio José Ponte, Víctor Fowler, Rolando Sán-

Matanzas no era más que un vago recuerdo de infancia. Ahora cobrará el acerado perfil de la vivencia. Empiezo por ver el río San Juan desde su mejor ángulo, un balcón de la Casa de la Vigía, y acto seguido aprendo a picar un esténcil machacando las teclas de una vetusta Underwood con mi traducción de unos poemas de Baudelaire para la *Revista del Vigía* mientras Eduardo les conecta el fax aún sin estrenar. Por allí andan Laura Ruiz Montes, poeta y editora, y su deliciosa hija Beatriz; Rolando Estévez, diseñador principal; Charo Guerra; Maribel Tápanes; Lissette Martínez y Enrique Ramos; Hilda Santana: sólo un puñado de los integrantes del Taller Editorial Vigía, los meros artífices de aquellos objetos luminosos. A los que se suman luego, entre muchos otros oficiantes de este lírico ritual, personajes de culto como el entrañable Orlandito García Lorenzo y cierto *poète maudit* de nombre Luis Marimón, prematuramente raptados por la Parca, y la homenajeada Carilda, del brazo de su penúltimo amante, novel titán del olimpo literario local. Para la ocasión, que la vivaz poetisa desde sus tacones de aguja coronó con una estrepitosa caída que la llevó el mismo día de su fiesta al hospital –por ventura sana y salva tras varios meses de terapia– había venido de la capital otra joya, podríamos decir reliquia, de la poesía femenina nacional, la eterna Serafina Núñez, acompañada de Soleida Ríos, poeta recoleta y fina. Y del interior de la Isla, la sonetista Mireya Piñero, espiritual y reservada, y –en sonado contraste– la vehemente Lourdes González, atrevida y encantada de serlo.

Me fue imposible asistir al décimo cumpleaños de las Ediciones Vigía en 1995. A veces el trabajo –es decir, mi medio de sustento, pues nadie financia mis periplos a la Isla ni he casado con hijo de archiduque– a veces el trabajo, digo, cuando no queda más remedio, ha de tener prioridad. Pero al año siguiente, con ocasión de otro coloquio (esta vez por los treinta años de *Paradiso*, curiosamente pareado a un simposio sobre la rival de *Orígenes*, *Ciclón*), el viaje comprendió un círculo concéntrico mayor: se nos unió mi hijo Ruy. Veinticuatro años, chileno de nacimiento, newyorkino y vienés de alterno domicilio, por entonces fotógrafo de arte

---

chez Mejías y Antón Arrufat y la niña Elís Milena Ávila Rodríguez– son personajes de esta ficción ensayístico-poética. Cualquier semejanza con la realidad no es pura coincidencia.

y moda. Sin haber jamás pisado la Tierra Más Fermosa, era ya ducho degustador del familiar lechón, con mojo y yuca. (Digamos sin hipocresía que en las circunstancias de todos conocidas, tales coloquios, aparte de su intrínseco valor académico, son pretextos tan convenientes para unos como para otros. Una operación socioeconómica como cualquiera: divisas contra la experiencia –volátil, doliente, pero real– de *ser y estar a un tiempo*, aun fugazmente, en Cuba, vivencia inaccesible para mí y tantos otros durante tantos lustros.) Mi hijo, a su manera, quedó marcado por ella, ya no sólo vicariamente por (tres) interpósitas generaciones. Sacó fotos y conclusiones. Dejó no pocos recuerdos y hasta alguna margarita deshojada a su paso. Se aficionó para siempre al congrí con plátanos manzanos de Gisela.

Hasta el Danubio azul

Cada uno de esos encuentros con las Ediciones Vigía, que ahora se sucedían a un ritmo sostenido en alguna parte del mundo, suponía una inevitable pelea por exceso de peso en el aeropuerto de turno. Y luego otra en casa por el reguero y la acumulación de libros debido a una previsible –y creciente– escasez de espacio. En el '98 se concreta por fin la invitación propuesta a varias instituciones culturales locales. ¡Vigía a la frívola capital del vals! Al dinámico dúo Zaldívar-Gisela se uniría la serena, la pensativa Laura. Un complicado trayecto de Madrid a Estocolmo a Viena y vuelta a España, con actividades y relevo de anfitriones en cada escala. En Suecia contaban con el patrocinio del Centro Internacional Olof Palme gracias al respaldo de René Vázquez Díaz, cuya antología de poemas en prosa de Artur Lundkvist en traducción al castellano se presentó en ese tramo de la gira.

Aquí en Viena, con los auspicios de la Grazer Autorenversammlung (GAV) y el Instituto Cervantes, dos recitales, con presentación de otros nuevos libros: *Poemas de calendario* de Gerhard Kofler en traducción mía y *Corazón sobre la tierra/tierra en los Ojos,* mi segundo poemario. Aprovechando la propicia ocasión se expusieron asimismo plumillas de Violeta Naranjo y se puso a la venta la antología de poetas austríacos traducidos por Jorge Yglesias, *Piedra sobre piedra,* así como otros títulos disponibles. Alojamiento para tres en nuestro doméstico hotel cinco estrellas con pensión completa, incluidas cenas de presentación y visitas de cortesía. Zaldívar sale un sábado orondo, vestido de *Tracht* (chaqueta austríaca típica, comprada por mí en el mercado de las pulgas, proveedor de las mejores familias); *la Baranda* (como quien dice *la Ajmátova:* así le puso, en italiano, el poeta sudtirolés Kofler) deja prendado de su poesía (¿y de sus ojos verdes?) a más de uno, incluso a cierto embajador al que, agotadas las existencias, tuvo que prometer un ejemplar de un *incunabile* suyo que luego fue preciso sustraer de las estanterías de una coleccionista madrileña, que lo poseía en duplicado, y enviar al desconsolado diplomático por mensajería urgente.

La vitrina vienesa

Ya por entonces fue impostergable la adquisición de la vitrina vienesa. Los libros estaban inquietos, habían tomado el gusto a exhibirse y, lo que es peor, a esconderse. Además, la relativa libertad con que circulaban por la casa y se iban adueñando de ella atentaba contra su entereza física y los tornaba impertinentes, díscolos. Estaban expuestos a demasiados roces, sobre todo cuando llegaban extraños ávidos de *sociabilizar...* Como el de Rodolfo Häsler, *Poesía y retorno*, que había desaparecido misteriosamente y se negaba, tozudo, a hacer gala de la segunda mitad de su afichada oferta. Tanto así que se temió una efímera reencarnación de algún celoso faraón –quizá el de la portada– que lo hubiera echado de menos entre sus alimentos de ultratumba. También entre los potencialmente prófugos había unos que so pretexto de izar o recoger sus velas, como cierto *Celare navis* de Antón Arrufat y *Adiós naves de Tarsis* de Reynaldo García Blanco, no dudarían en organizar una zarpada, aunque sólo fuese a título de prueba. Luego estaban los peripatéticos, o diaspóricos, cuyo patológico deseo de ubicuidad aquí, allá y acullá los instaba a un constante revoloteo de un lado para otro: José Kozer (de guayabera), Ruth Behar (con lazo de organza en el pelo), el propio Häsler (luciendo collar de Elegguá), la Blanco (en tutú). Y qué decir de los sonámbulos como la mismísima Gisela B. con su *Pie tras otro* o su *Memoria de las puertas,* o Laura Ruiz Montes, quien hasta hoy jura que (en la otra vida del ensueño poético) *Yo también he sido extranjera.* Y aquellos *pergaminos* que levitan, cual *Ángel de la nada* de Daylins Rufin, o se volatilizan cuando *Un soplo dispersa los límites del hogar,* de la mentada Soleida.

Por su parte, los exhibicionistas causaban puros estragos y se ponían a mal traer. Al de Nancy Morejón, con tanto pavoneo, no le quedaba más que un grano de maíz de los muchos que había tenido. (Los *orishas* cursaron su protesta formal, ofendidos.) El de Emily Dickinson, *Sesgo de luz,* no dudaba, a fin de desplegar toda su parafernalia, en mutilar a sombrillazos al vecino, que al punto acusaba lesiones hasta graves. Para no hablar de *Miel imprevista* de Dulce María Loynaz, cuyo potente abanico no dejaba en pie por mucho tiempo a su lado ni al volumen más fornido. Los *Barquitos del San Juan* (Revista de los niños) no eran menos revoltosos: enredaban continuamente sus múltiples tiras de colores en cuanto elemento colgante o pringante ostentaran sus colegas de filas inferiores, creando inextricables nudos y trenzas. Y en el *Testamento del pez* de Gastón Baquero se hizo tal alarde del tabaco que alguien se lo fumó, legando en herencia sólo el estuchito (máximo sospechoso: mi hijo Ruy).

Como si fuera poco, cada *Revista del Vigía,* con su estelar aparición semestral, se creía *prima donna assoluta*: una porque era la estación de la seca, otra porque la de las lluvias; una, de pretensiones doctas, lechuza de los huevos de oro; la otra, aristocrática, dizque palma real y de origen griego. Una era como la mano de Fatma o de Dios, con sus líneas secretas. Aun otra se pretendía a un tiempo sirena, dueña de la luz y celadora de las llaves del reino. Toditas unas frescas, en suma. Como ellos, los libros. Queriendo siempre figurar, sobresalir. Decididamente, había que tomar medidas. Ahora, con el tardío pero ejemplar retorno del de Rodolfo de las profundidades del Valle de los Reyes, junto al verde Nilo, y con un nuevo y equitativo sistema de periódica permutación de puestos en la vitrina, los libros se han calmado. Se sienten al fin *apprivoisés*, poseídos, como el Principito por su rosa. Se dejan ya querer con la inamovible seguridad del hijo pródigo.

Por el Manzanares

Y por la cuesta de Moyano y el parque del Retiro y la Puerta del Sol, *olé*. Coincido con la *Vigía* en otra feria del libro: ahora la de *Madrí*, como dice la copla. Esta vez tenemos presentación de libros, con solera, en la Casa de América: debutan el mío y el de Kozer (aquél de la guayabera entre los rascacielos). Una gozada ver la auténtica admiración que despiertan las *Ediciones Vigía*, leer junto a Jose, co-exalumno del Instituto Edison (en nuestro habanero barrio de La Víbora), antiguo vecino (luego, en Forest Hills, Nueva York) y —sobre todo— tremendo poeta. Acabamos, como es natural, en una cafetería madrileña tomándonos unas *cañas*.

El mes siguiente, mientras los editores poetas continúan su gira de trabajo en otras regiones de España donde han sabido hacerse de fieles ayudistas, viajo a La Habana enviada por la citada asociación de escritores austríaca para asistir a su presentación de una antología bilingüe alemán/español en la que participé como traductora y poeta antologada. Como era de esperar, al margen de esa actividad, Vigía se hace presente. Llegan de Matanzas —en el trencito de Hershey: cargados, sudados, pero no menos entusiastas— Jacqueline Méndez (licenciada y madrina bautismal de *Vigía*) y Johann Enrique Trujillo (diseñador gráfico en alza), junto con otro joven grabador, Ariel López González. Se trata, dicen, de aprovechar la estancia en La Habana para presentar y difundir, allí, ahora, mi recién estrenado libro. El tiempo es corto, pero el correveidile y el promisorio azar de los encuentros logran estirarlo considerablemente. Hotel Inglaterra, un jueves a las 5. Acude un grupito selecto que casi llena la pequeña sala. Ruido ambiental copioso, desde el tintineo de cubiertos y copas procedente de la cocina (que interpreto como claro signo lezamiano) hasta un improvisado guateque callejero con percusión y cuerdas. Ventiladores *a tutti*: trópico y julio. Los de atrás no oyen gran cosa. Se lo imaginan. Sueñan. Comparten el momento, lo principal. Cumplida la lectura, ya afuera, veo arribar a mis cuatro primos de allende la bahía: esfuerzo comparable a haber cruzado los Tártaros. Tarde. Nos vamos al bar del Plaza a tomar unas *hatuey*.

A poco de mi regreso a Viena de La Habana, tengo que dar un nuevo salto a España, esta vez por motivos estrictamente privados. A Sevilla. Pero hay siempre algo bullendo en Madrid que pide a gritos una escala obligada: mesa redonda de la revista *Encuentro* sobre poesía, recital de César López, y los de Vigía aún ahí, prontos ya a partir a la cubana Atenas. Me quedo, junto con mis editores que a estas alturas son ya casi familia, en casa de Judith Rodés y Rubén Aguiar, pareja tutelar de un simpático y talentoso clan de músicos y cantautores: cubanos y en su mayoría, por supuesto, matanceros. Pese a sus endiablados horarios de trabajo y conociéndome apenas, ofrecen cama, conversación, comida casera. Calor cubano. Dejo ahí gran parte de mis matules y vuelo al Guadalquivir en AVE. Como diría Hölderlin si no hubiese sido suabo, Cuba me ronda, viene a mi encuentro: en Sevilla un albur me trae al paso a otro poeta neoateniense y amigo de Vigía, Santiago Méndez Alpízar, «Chago», que me regala libros, me presenta a otros flamencófilos y–en aras de seguir charlando: tengo mil cosas que hacer y escaso tiempo– me acompaña a la venerable casa Lina a comprar una mantilla de encaje para mi boda. De vuelta en Madrid, Zaldívar, Baranda y Blanco se van a tomar unos *cubanitos* a La Reina de Cuba, a escuchar a Judith y Rubén, ahora sí hasta la próxima.

La llave

Tendrán que perdonarme alguna cita, una breve digresión de lo (aparentemente) anecdótico, un inesperado cambio de tono. Pues la clave de la gestión de Vigía por Alfredo Zaldívar –la llave que abre la vitrina– es cierto talante suyo frente al tiempo y a la realidad: una cuestión de *modernidad*, en un sentido muy particular. A saber, como ya anoté en alguna parte, el sentido que le dio Baudelaire y que Foucault ha actualizado magistralmente: una «deliberada y difícil actitud que consiste en recapturar algo eterno que no está ni más allá ni detrás del instante presente, sino dentro de éste». Para el poeta francés, la persona volcada a la modernidad es la que se esfuerza por «extraer de la moda [es decir, de lo peregrino o pasajero] todo elemento que ésta pueda contener de poesía en la historia»; es la que (acota a su vez Foucault) «justo cuando todo el mundo se adormece, comienza a actuar y a transfigurar ese mundo [y cuya] transfiguración no entraña una anulación de la realidad, sino una difícil interacción entre la verdad de lo real y el ejercicio de la libertad…». Conforme a tal actitud,

> el elevado valor otorgado al presente es indisociable de una impaciente ansiedad por imaginarlo, imaginarlo distinto, y por transformarlo, no destruyéndolo sino comprendiéndolo como lo que es. La modernidad baudelairiana es una actitud en la que la atención extrema a lo real se ve confrontada por la práctica de una libertad que simultáneamente respeta esa realidad y la transgrede. (Foucault 1984: 40-41; mi traducción)

Por un lado, entonces, búsqueda de la poesía en la historia, de lo eterno en lo contingente; por otro, dinámica adecuación de realidad objetiva y libertad. Precisamente en ello ha consistido la visionaria modernidad del fundador de *Vigía*, tanto en el concepto matriz de las Ediciones como en su gestión durante casi tres lustros, y eso en un entorno general de realidades constriñentes y libertades constreñidas. En tal cuadro *revolucionario,* Zaldívar ha sabido ser esencialmente *moderno*, combinando audacia y tradición, apertura y selectividad, sensibilidad poética y sentido histórico. E impregnando de esa ética la labor colectiva. Cuando no hay *rectificación* que salve la aberrante economía, cuando en la desastrada capital los fueros del poder o la inercia burocratizan la edición y circulación de libros, en la provincia de Matanzas las *Ediciones Vigía*, de la mano de Zaldívar y un equipo de abnegados artesanos, artistas y poetas, proponen y discretamente desarrollan, a partir de 1985, un concepto de libro como objeto a la vez rústico y exquisito, colectivo y único, anclado en un concepto de edición saludablemente independiente y democrático.

Así, es *Vigía* que en tiempos de intolerancia de culto abre una clara brecha editorial a la temática religiosa o meditativa: además del citado libro de Vitier y García Marruz sobre San Juan de la Cruz, véanse el ensayo de Roberto Méndez sobre el místico andaluz, *El fuego en el festín de la sabiduría. En torno a la poética y la mística de San Juan de la Cruz,* y su estudio crítico de la obra de Ángel Gaztelu, *Cifra de la granada*, así como poemas de San Juan y del propio Méndez; y la hermosa selección y traducción de poesía francesa de tema metafísico, *Transparencia ante Dios* (1991), realizada por Enrique Díaz-Guzmán, así como *De Montserrat a Monserrate: religiosidad, historia, tradición*, crónica histórico-religiosa de la devoción a la Virgen de Montserrat en Matanzas y Cataluña, a cargo de Alfredo Zaldívar y Francesc Catalá. Además de estos ejemplos de inspiración cristiana, la tradición judía se hace presente a través de las obras de José Kozer y Ruth Behar, también difundidas por Vigía.

Por esa fecha en Cuba sólo una que otra precaria publicación, como la *Revista Vivarium* del Centro arquidiocesano de estudios, proporcionaba una vía de expresión a la reflexión filosófica y artística de cariz religioso. La prometedora *Credo* se lanza recién en octubre de 1993, saca su segundo número en abril de 1994, cae presa de la censura a raíz de la tercera entrega y sucumbe a inmediata prohibición. Otras revistas atentas a dicha temática, como *Vitral*, del Centro católico de formación cívica y religiosa de Pinar del Río, entre otras, nacen posteriormente y subsisten no sin ingentes esfuerzos. *Vigía* es pues la única editorial que a partir de ese momento da amplia cabida a la reflexión metafísica en poesía o ensayo, con un criterio ecuménico y sin que ello necesariamente suponga –o excluya– una militancia u ortodoxia confesional por parte de los autores.

Además, como se ha visto, encuentran voz y eco en *Vigía* durante la gestión de Zaldívar escritores del exilio desatado a partir del '59, como Alan West y los ya citados Häsler, Behar, Kozer y Blanco –exilio que, dicho sea de paso, no fue sino la diáspora inicial («diáspora», dice la Real Academia Española con su pésimo estilo: «dispersión de individuos humanos que anteriormente vivían juntos o formaban una etnia», lo que avala mi rechazo de toda exclusión del primero en la segunda): autores cuya mera existencia apenas empezaba a ser parcialmente reconocida y documentada en alguna revista orgánica, como *La Gaceta de Cuba* (véanse por ejemplo los números de septiembre-octubre de 1993, julio-agosto de 1995 y septiembre-octubre de 1996, con selección y comentario de Ambrosio Fornet). Pero a la par de acoger y difundir a escritores cubanos de calidad residentes fuera de la Isla, *Vigía* ha sido un selectivo escaparate de lo mejor y más representativo de las promociones literarias residentes en el territorio nacional. Al mismo tiempo, las Ediciones procuraron abrirse, con un criterio modesto pero seguro, al ancho mundo de la literatura universal, fomentando de este modo también la labor de un valioso grupo de traductores, muchos de ellos, además, escritores por derecho propio.

Semejante apertura deliberada y a la vez selectiva a lo existente ha demostrado *Vigía* también con respecto a lo *emergente*. Por una parte, han figurado con frecuencia en las colecciones y en particular en la *Revista del Vigía* representantes de las recientes hornadas de escritores nacionales cuyo estilo de vida o de reflexión inortodoxo o cuya familiaridad o identificación con las novísimas corrientes del pensamiento crítico internacional los distinguen claramente del intelectual orgánico. Por otra, destaca el enfoque abrazado por Vigía también en lo que al avance tecnológico se refiere. El reemplazo del esténcil y el mimeógrafo manuales por algunas técnicas de reproducción e impresión electrónicas ha redundado en una mayor legibilidad de los textos –son éstos libros para ser leídos y no meros objetos decorativos– sin por ello perder su encanto artesanal.

Envío

A quince años de aquella feliz fundación a la vera del río San Juan y con todo ese valioso acervo a cuestas, en un rodeo diaspórico cada vez más frecuente entre los intelectuales cubanos residentes en la Isla, Alfredo Zaldívar emprende desde Madrid en 2000, con la recién lanzada Colección de La Aurora, un nuevo proyecto editorial junto a su compañera y coeditora, Gisela Baranda, y a Johann E. Trujillo como artista gráfico, tríada de probada química y amables resultados: libros artesanales de una nueva generación, desde clásicos hasta curiosidades, ora primicias, ora reediciones, que facilitarán el acceso de un selecto público europeo, cada vez más agresivamente sometido a la masificación editorial, a esta otra manera, casi olvidada, de desplegar o enmarcar o iluminar el texto escrito. Con ello se abre una nueva era de riesgos y potencialidades, tanto para estos intrépidos como para el equipo matancero de las Ediciones

Vigía, que a partir de esa fecha queda bajo la dirección de Agustina Ponce, colaboradora de larga data. La Colección de la Aurora de Alfredo Zaldívar cumple, no sin ingentes esfuerzos pero con éxito cabal, su programa: 12 tomos en entrega mensual durante la temporada editorial de julio de 2000 a junio de 2001, cada uno con una tirada de 50 ejemplares numerados, firmados, iluminados y manufacturados a mano, con autores que van de José Martí a Nicolás Guillén pasando por Antonio José Ponte, Iván de la Nuez y la antología de veinte poetisas cubanas *El agua buena eternamente canta*.

Hasta entonces había reinado relativa paz en la vitrina vienesa. Sus habituales ocupantes eran hijos de la cálida luz matancera reflejada en el San Juan, del frescor y la amplitud de la casona de palmeras y pájaros, de la relativa seguridad de una labor modestamente subvencionada. Mas al llegar aquéllos de La Aurora cundió el pánico. Eran menos pero venía cada uno en su caja. Ocupaban por tanto más lugar y, al estar encerrados, cobraban prestigio, fama de inabordables, elitistas, soberbios. Pero lo que no sabían los antiguos era cuánta lucha habían dado esos vástagos de la antepenúltima diáspora y cuán trascendente ese golpe de timón para aquellas largas constelaciones de colaboración, amistad y amor.

Veinte años no es nada

Al cierre de La Aurora, Johann Trujillo y luego Alfredo Zaldívar vuelven a Matanzas; Gisela Baranda prolonga su estadía en Madrid en busca de renovada inspiración. Ya en la Atenas cubana, tras dejar a las Ediciones y a la *Revista del Vigía* su talante visionario y una gestión editorial intachable y sabia, en 2003 Alfredo Zaldívar pasa a la Editorial Matanzas, recibe poco después el Premio Nacional de Edición. Johann lo sigue a esa editorial, en 2004 gana el Premio Nacional de Diseño Editorial. Nuevas empresas personales y colectivas: idéntico compromiso artístico, repetido éxito. Allí cerca, junto a Agustina Ponce y el empeñoso equipo de *Vigía*, en la casona a la vera del San Juan, Laura Ruiz Montes y Rolando Estévez, respectivamente editora jefe y diseñador principal, continúan perfeccionando la original labor comenzada hace ahora exactamente veinte años, fomentando la libertad y creatividad artísticas frente a la cultura oficialista. Bello ejemplo reciente (2003): *Parloteo de sombra*, de Damaris Calderón, poeta cubana residente (y premiada) en Chile.

Y en abril de 2005 hay fiesta de cumpleaños e invitación a colaborar en la antología del vigésimo aniversario de las Ediciones Vigía. Difícil es que pueda yo asistir, pero esa colaboración será, para mí, otra forma de volver. Como dice el tango.

La Habana / Matanzas / Viena /
Madrid / Sevilla, 1994-2004

Sueño cubano en África

I.

Es el fin de fiesta. Bajo mi ventana, en el centro de conferencias, brincan los últimos danzantes al ritmo obsesivo del tam tam; los niños, las familias se dispersan alejándose insensiblemente de las carpas donde aún queda un resto de *mandazi* y *samosas*, donde el humo de las parrillas, que antes se alzó altivo por sobre las plumas y las máscaras hasta las ramas del jacarandá, cae y se empoza en el pelo, en las ropas, legando un insidioso aroma a carne chamuscada. Ahora empieza el sueño, la marcha sonora.

Dos filas avanzan desde el fondo a cada lado del Anfiteatro hasta la primera hilera de butacas. El público se ha ido. Voy a la cabeza de la fila derecha. Llevo sobre el pecho un tambor. Como algo inevitable, comienzo a tañer mi instrumento con toque enérgico, solemne, a uno y otro lado. Hasta que el silencio, colándose entre las rezagadas vibraciones, se impone sobre el seco golpe final.

Con sentimiento de misión cumplida paso, sin solución de continuidad, a las noticias del día. En la televisión, Fidel Castro devela, con 30 años de retraso, un busto de John Lennon. Todo un monumento ¿en este u otro parque?: un banco de bronce en el que por turnos se sientan junto a la efigie del Beatle y sonríen a la cámara, fuera de todo tiempo y lugar, varios *apparatchniki*. Por extraña analogía, *«Hey, Jude»* es el tema de fondo. Alguno de ellos, atorándose con su lengua de trapo, pontifica sobre la impronta revolucionaria de las letras de John (hasta hace poco prohibidas en Cuba). En la otra orilla se desinflaba el postrer melodrama del milenio: dos rivales sin ángel dando raquetazos en la maltrecha cancha floridense en su empeño por habitar la Casa Blanca. Han dejado pálidos a los de la Copa Davis, ahora en pantalla, más controlados, más simpáticos.

Leo en el correo electrónico la advertencia semanal sobre seguridad, cuestión insoslayable aquí. Entre otras ejemplares anécdotas, cuenta que asaltaron ayer en Limuru Road a un diplomático italiano que en vez de seguir de largo a toda marcha, atropellando a su asaltante si preciso fuere (tal como se aconseja) decidió –alma caritativa– parar su Volvo y ofrecer resistencia: herido de bala, tirado en la cuneta, perdió el auto y la ropa y casi no hace el cuento. El jefe de seguridad, con supino humor negro, termina deseándonos buen fin de semana. Casualmente, el sábado hay invitación a una Noche Bohemia organizada por la universal Asociación de Damas de Habla Hispana con tómbola, animación y comida casera. Restaurante rústico, entre saltos de agua y eucaliptos, precisamente por esa temible Limuru Road arriba, saliendo de la ciudad. Gravitan permanentemente en derredor e invaden en picada, sin previo aviso, imágenes remotas: Rincón Criollo, Rancho Luna, Soroa. En la pista de baile, naturalmente, un cubanito es rey. De súbito un cartel me asesta un golpe inesperado: *Merry Christmas and Happy New Year*. ¿Ya otra vez aquí? ¿De qué año se trata? ¿Y no éramos de habla hispana? La obstinada festividad coincide esta vez, me informan, con el fin del variable Ramadán.

A propósito, la prensa habla de intentos –teledirigidos desde palacio, según las (malas) lenguas– de perturbar la plácida coexistencia que aquí impera entre los diversos cultos: cristianos de las más variopintas especies; budistas de veta tibetana, pakistaní o mongólica; sij del Punjab y el Rajastán; musulmanes de todas las sectas del Profeta, incluida la liderada por el Aga Khan, gran mecenas local; sufíes, animistas y espontáneos, sin contar los inefables ritos de las tribus autóctonas. Si éstas concentran la élite política y profesional, la comunidad de origen indio es el pulmón económico de esta sociedad. Traídos el antepasado siglo como mano de obra para surcar la vía férrea que permitiría a los británicos gozar de un clima soportable en tierras altas, creando de paso los medios para explorar y explotar el suelo y sus recursos, así como saciar la proverbial necesidad imperial de ocio y aventura, los llamados indios son hoy aquí tan kenyanos y africanos como los negros y los descendientes de ingleses, italianos y otros blancos nacidos en estas latitudes.

Por suerte, la estación festiva propicia modalidades menos graves y más rentables de atentados, como el *shopping*. Los mercadillos de artesanías locales son un hervidero de ávidos comerciantes y mirones con mayor o menor dominio del obligado arte del regateo (y más o menos ojo para detectar, por ejemplo, el objeto de rarísimo ébano entre la plétora de imitaciones pintadas con betún). Otras damas –las *cowgirls* o vaqueras, «europeas» de segunda o tercera generación o incluso de reciente ingreso (pues como dice una española alegremente afincada aquí, «entre un piso en Londres y esto…»)– organizan exquisitos bazares en que ofrecen desde muebles de estilo ecléctico hasta alhajas en plata y pedrerías, telas bastas o finas pintadas o bordadas a mano, ropa de diseño, lencería, cuadros. Todo con un toque posmoderno entre aristocracia colonial y legión extranjera. Enardecido mi instinto consumista, me dejo perseguir por una lámpara de pie oxidado y abalorios de ámbar; accedo a atarme, odalisca de harén, a una esclavina de tobillo en *cloisonné* verde con una media luna colgando… Esto del África, y encima oriental, es cosa seria. Esto se lo chupa a uno.

Las damas de los barrios residenciales de Lavington, Rosslyn o Gigiri se desplazan en Land Rover o similar vehículo tipo tanque, el coche de ciudad recomendado debido al creciente desafío que es lanzarse a calles y carreteras. Las de más arriba aun, las que hacen el *commuting* entre el rancho *up-country* y la mansión suburbana, bajan hasta el céntrico aeropuerto Wilson, el mayor de aeronaves pequeñas del continente, piloteando sus 2 ó 4 plazas desde la pista de aterrizaje propia que han hecho construir entre las *bomas* del ganado. El simple peatón, en cambio, es una de las especies amenazadas de la fauna local junto al elefante y el rinoceronte «blanco». Como corresponde al corazón de África –la patria de Tarzán– rige aquí la ley de la selva. Basta ver el transporte colectivo, los *matatus* –terror de conductores y ambulantes–, a los que el pasajero se sube a su cuenta y riesgo. Para el que llega de un lugar como Viena, donde el de a pie siempre tiene la razón, cruzar una calle o, peor, una de las muchas rotondas de Nairobi (en la que, para colmo, se maneja a la izquierda) es casi un acto suicida. El concepto –e incluso el objeto– «semáforo» existió en algún momento pero ha caído en el más completo desuso, pues a nadie en su sano juicio se le ocurriría hacer alto en una esquina. Sólo quedan unos pocos, a lo largo de una avenida principal, con las luces reventadas, ciegos e invisibles.

Lo que es el centro de Nairobi, dicen, es tierra de nadie. Esto se interpreta de al menos dos maneras, igualmente perversas: es tierra de los que no son nadie; o: no es tierra de nadie que sea alguien. Los primeros, dicen, son delincuentes, asaltan. Los segundos (los mismos que lo dicen) no necesitan siquiera arriesgarse a pisar esos pagos, pues en su planeta periférico y frondoso la vida transcurre plácida dentro de *jeeps*, *malls* o jardines, tras altas verjas cuidadas noche y día por *askaris* y perros bravos, turbada sólo, de cuando en vez, por uno que otro conato de robo, con o sin tiros. Nada que no se pueda resolver con la *kalashnikov*. Es por ello que han reforzado el *cave canem* con cercas electrificadas y alambre de púas. Todo se arreglará, tal vez, cuando acabe de erigirse la nueva embajada americana (hecha polvo, en su emplazamiento anterior, por bombas terroristas), *megabunker* que magnificará en ondas concéntricas la vertiginosa espiral de la seguridad. Frente a esa arcilla roja socavada por grúas y este sol me veo en el terreno de pelota del Edison; de noche, los focos de luz fría y la malla metálica son los de la cancha de básketbol, arriba en la azotea de torneos vespertinos, desde la que de día se divisa todo Jesús del Monte y Lawton hasta el Morro. ¿Dónde estoy, en qué colina, qué desfile es éste?

Legiones de uniformados de un azul añil bajan de las estribaciones del inmenso parque, se escurren en filas por pasillos y escaleras. En vez de tambores, portan lo que desde aquí parecen largas flechas y escudos, convergen en el vestíbulo central por donde ahora salgo a tomar el taxi que me llevará a casa. Es curioso, unos llegan –a estas horas–, otros se van. Ya los veo mejor: alcanzo a divisar a Janet, al dulce Otieno, más negro que su propio nombre y que la misma noche nairobiana. Son baldes y palos de trapear lo que llevan, útiles de aseo. Mañana no quedará ni rastro de la fiesta...

II. Sueño africano en Cuba

¿Tambores? ¡Tumbadoras! Es miércoles de salsa en el Safari Bar del Intercontinental. Lo de salsa es un decir. Se trata de un (pasable) remedo del Buena Vista Social Club, del son cubano tocado –¿qué más propio?–

por africanos de pura estirpe y cantado nada menos que por un príncipe *maasai*. Una salsera madrileña le ha regalado un cuaderno de temas musicales transliterados fonéticamente al kiswahili que él sigue como puede, por suerte avasallado por la música en los momentos álgidos, destacándose sí en el estribillo, que es su fuerte. Ecuménico (y por fuerza multicultural), el repertorio hace anacrónicas incursiones en el *fílin*, el mambo y, más allá, en la *bossa nova*, la samba y la rumba gitana del Peret. Hay que ver cómo bailan los macizos ghanianos, mozambiqueños y etíopes y las esculturales *luo* que se dan cita allí todos los miércoles junto con Salma la española islámica, el profesor de salsa (un *kikuyu* platino de peinado *punk*), la infaltable americana —alumna aventajada— y el típico personaje solo de mirada extraviada que mueve el esqueleto como si tuviera el mal de San Vito. Allí, (¿o fue en en el Wakamba, en la Rampa?), una noche especialmente disparada, he cantado con el *maasai* «Sabor a mí».

Esos no son antros de *wasungu* en sentido estricto: o sea, de europeos y más concretamente de «anglos». Los «latinos», sin embargo —ya lo tuvo clarísimo el Inca Garcilaso— estamos siempre entre dos aguas, somos y no somos. En la pista de baile del Safari Bar, entre el sudor y las revoluciones de cadera, ciertas realidades se diluyen, algo se trastoca; pero en la mera calle nairobiana somos lo que somos. Pues el centro de Nairobi es negro como la Virgen de Regla. Y allí uno, por decirlo ambiguamente, destaca, más para mal que para bien. El centro no se recomienda a los blancos y éstos, más cautos que listos, no desdeñan la advertencia. Brillan allí tanto por su (rara) presencia como por su ausencia. No obstante, algunos claustrofóbicos o peripatéticos ven en ello una mistificación y se vuelcan a las calles del centro, armados de razón cartesiana y amor al prójimo. Los más cobardes de los valientes (como yo) llevan además, en la riñonera, la clásica cortaplumas suiza, pero llegado el caso apuesto que jamás atinarían a empuñarla. En general, se sale indemne, y de contra se descubre un gran centro capitalino de tercer o cuarto mundo globalizado, escasamente más fiero que Manhattan en sus rudos «buenos» tiempos —pre-Giuliani— o que los barrios calientes de Miami. O, sin ir más lejos, que El Vedado *by night*.

Como en todas partes, el campo es el mágico revés de la demencia urbana. No hablemos de los animales y las puestas de sol, de las acacias

—pura magia natural— sino del arte de las transformaciones, del alquímico embrujo. Desde su aldea en pleno *bush*, Patrick, guerrero *maasai* y ejecutivo tribal de relaciones públicas e idiomas, es capaz de transmutarse sin retoque alguno en una página de *Vogue*. Consciente y a la vez distante del impacto que provoca su belleza, exhala una elegancia innata. Sin que se le descoloque un pelo, camina a diario un chorro de kilómetros por la sabana, cimbreando su bastón, con la antigua prestancia de señor de la tierra y los ganados. Esta fantasía africana, esta locura de fotógrafo —22 años— obra una suerte de magia inaugural que viene a rematar Nickson. (Salto mental a Watergate, años 70, Chile y la Moneda en llamas, NYU, la Nueva Trova cubana que entonces era nueva, el caso Padilla, el quinquenio gris y un interminable etcétera).

Este otro guerrero *maasai* de una aldea vecina, joven y bello como Patrick, nos conduce varias leguas a campo traviesa mostrándonos hojas medicinales, ramas con propiedades dentífricas, temblores de gacela, mojones de jirafa, huellas frescas de elefante, lejano bufar de búfalo... Opto por no pensar en lo que podría presentarse, dos *wasungu* en medio de la selva africana, sin rifle, sin coche, con la mera cortaplumas suiza. Nickson lleva el tradicional bastón y un machete de cortar caña, el torso desnudo drapeado en diagonal por la túnica roja, sandalias de neumático. Nos entrega horas más tarde, vivos, al chofer que aguarda en el *jeep* al pie de un monte desde el que admiraremos el obligado crepúsculo, sorbiendo un Campari *orange*. Nuestro guía *maasai* se sirve un jugo de fruta. Al despedirnos como si lo fuéramos a perder de vista, Nickson nos propina con su varita la vuelta de tuerca. Reconfortante, sugiriendo improbable continuidad, susurra: ¿No se han dado cuenta? Soy (también) su camarero. Por cierto que la noche anterior una sonrisa nos había cautivado en el bar del campamento, pero estaba oscuro. Sólo vimos unos dientes, rutilantes como estrellas.

Recurrente tentación camaleónica de probarse otras vidas, desdoblando la propia. En la aldea, para mi luna de miel en Varadero (el de entonces, el que sólo conocí vicariamente), me cubro de collares de (co)esposa recién comprada. O cual novia swahili, sobre el Índico, me hago teñir pies y manos de alheña roja y plisar el pelo en una cascada de diminutas trenzas que llevaré hasta que el regreso a mi aspecto acostumbrado se me hace un nuevo cambio radical. No me falta sino ponerme el velo. En Lamu, viendo a las jóvenes siluetas de *bui bui* vigiladas de lejos por celosos maridos, he estado a punto. Tentación de olvidarse, de perderse en el África y nunca más volver, como Rimbaud. Un pequeño descuido, insisto, y el África te traga. O te transforma. Reemeerges otro: príncipe sonero, camarero guerrero, guerrero de pasarela; u otra: *msunga* rubia de bikini y velo bajo el sol ecuatorial del matancero Kawama Club.

Mejor me voy cuanto antes. Dejo todo por hoy, me voy a casa. Al fin se ha callado la tumbadora, que me tenía el tímpano atacado. Recogen ya las sillas, las sombrillas, los cojines. Salgo corriendo y me subo al primer ómnibus, que se desliza raudo por la Calzada de 10 de octubre en La Víbora, de Gigiri, Nairobi, en dirección Habana. Me bajo en la esquina del *Tropicream*, pensando en pasar por la quincallería de Carmen a ver si veo algún creyón de labios…

Nairobi, 2000 / Viena, 2001

Del exilio como período especial

Notas sobre una trayectoria
barroca, andina, estructuralista, tropical

En estas notas dispersas, escritas contra el tiempo, con la persistente sospecha de que nada es eternamente cierto ni falso ni pasajero ni definitivo, saldrán a relucir algunas de las obsesiones personales y literarias que me llevaron a escribir los ensayos reunidos en este libro y que me seguirán asaltando hasta que el mundo llegue a su total destrucción, ya que no a su máxima perfectibilidad, o más probablemente hasta el fin de mis días. No hay aquí pretensión científica ni académica, sino un estilo personal. Su propósito, como el de esos otros textos, es plasmar la andadura del pensamiento partiendo de alguna vivencia, una imagen, una palabra en que resuene la carencia, el deseo o el dolor de Cuba: una deriva que irá recogiendo a su paso restos de lecturas, conversaciones, sueños. Todo comienzo es arbitrario y azaroso y así será este, por fuerza *in medias res*, teniendo en cuenta que es también un regreso. No dudo que estará lleno de tropiezos pero «solo lo difícil es estimulante» nos dejó dicho Lezama, siendo lo difícil «la forma en devenir en que un paisaje va hacia un sentido […] para ir después hacia su reconstrucción, […] que es su visión histórica» (Lezama Lima 1993: 7). Por puro espíritu de contradicción, haré de lo difícil el camino inverso, a saber, la forma en devenir (el ensayo) que va desde su reconstrucción hacia una visión poética de un paisaje sin destino.

Desde mi descubrimiento de las *comidas profundas* de Antonio José Ponte que inspiraron, en la cúspide del «período especial en tiempo de paz», las devoraciones y disquisiciones conceptistas o culteranas del Apátrida y el Famélico, pasando por la ya veterana invención de la *nou-*

velle cuisine cubano-miamense y la relativamente más reciente invasión cubana de la gastronomía mundial liderada por el mojito y la ropa vieja en peculiarísimas (per)versiones nacionales, y previendo incluso la inminente americanización, con o sin desbloqueo, de la libreta de racionamiento, han transcurrido casi 20 años, que vienen a sumarse a otros 35 desde que en febrero de 1961 me subí a un avión de Aerolíneas Argentinas en el aeropuerto de La Habana para nunca más volver a vivir en la que era mi ciudad. Lo que se conocía como vivir allí, pues hace mucho que ese concepto pasó a ser un mero sobrevivir —supervivencia o sobresalto— debido a un empobrecimiento demográfico, deterioro material y desgaste económico y social sin precedentes en la Cuba republicana, sumados a las veleidades y modalidades de la represión política. Haciendo otro cálculo, más eufemístico y no por ello menos desolador, mi primera visita a Cuba después de la minucia de 29 años de exilio coincidió con el inicio del período especial en 1990, y estuvo seguida de visitas sucesivas durante ese decenio hasta 1998, año que en principio marcaría una leve mitigación de esa etapa de penuria extrema «gracias» a una nueva dependencia económica, esa vez de Venezuela, con la llegada de Hugo Chávez al poder. A estas alturas de mi exilio, da igual si ponemos parcialmente la mira en 29 o 35 años o en el total contante y sonante, hoy, de 55.

Si el «asunto» del período especial fue un hemingwayano «tener o no tener» (García 2007: en línea) que, a diferencia del otrora triunfalismo del autor de «Tengo» (poeta insigne de la Revolución), se caracterizó más bien por el *no tengo* de la ingente mayoría estrangulada económicamente a causa del doble estándar monetario basado en la tenencia o carencia de dólares, el asunto del exilio –y concretamente del mío, la segunda oleada del exilio histórico: «de 1959-1961, continuada hasta 1970» (García 2007: en línea)– fue de índole similar, aunque por razones distintas. Al releer ese monólogo escindido o diálogo de mudos que es «Devoraciones» saltan a la conciencia las tres dimensiones de ese carácter común: la pérdida inicial, el estado prolongado de ausencia o carencia, y el incontrovertible deseo, que se han materializado o simbolizado o sublimado en contenidos, lenguajes y modos diversos en la Isla y en su exterior. Deseo violento de Isla entera que empezaba a abrir grietas en la gruesa cortina de humo entre la Isla y el mundo.

Flashback. 1994. Madrid. «La Isla Entera». Coloquio, simposio o potencial encontronazo de colosos y gladiadores. Los de allá llegaron de chiripa (y no todos), después de una kafkiana carrera de obstáculos orquestada por la UNEAC y los de arriba, nerviosos ante las imprevisibles consecuencias de este *remake* del Encuentro de Estocolmo del año anterior (1993). Los de acá queriendo estar y no estar. Algunos hasta llegaron de espejuelos oscuros. Por lo de políticamente correctos, claro. Yo no me lo iba a perder, así que a Madrid, Casa de América. Además, allí debían de estar, participando o no, viejos amigos como Kozer, Rodolfo Häsler, Felipe Lázaro, Pío Serrano; tal vez llegasen las queridas poetas Reina María Rodríguez y Cleva Solís; escritores y críticos conocidos el año anterior en Cuba o en Guadalajara como Jorge Luis Arcos, Prats Sariol, Efraín Rodríguez Santana, Enrique Saínz; y nuevos amigos de exilio hechos al calor de la poesía y del arte, venidos de por ahí, como Pepe Triana (París), Manuel Díaz Martínez (Canarias), Heberto Padilla (Estados Unidos); y los «madrileños» Alberto Lauro, José Mario y Waldo Balart, además de Jesús Díaz, el creador de la revista *Encuentro de la Cultura Cubana*, que pronto nos acogería a muchos en sus páginas. Y fuera de serie, aunque dentro del programa, un ícono de la generación de *Orígenes*, Gastón Baquero, y una diosa, poeta de culto: Nivaria Tejera. Felipe Lázaro hacía las presentaciones: con Nivaria, temerosa, aturdida por la muchedumbre (y por la incertidumbre ante posibles reacciones), sólo unas palabras, un rápido apretón de manos y la esperanza de reencontrarnos. A Baquero, al día siguiente, una visita inesperada, junto a Rodolfo Häsler, guiados por Felipe. Allí estuvimos, en su legendaria habitación, donde el poeta recibía sentado en una butaca rodeada de una cordillera de libros apilados subiendo y bajando por las paredes y de mares de libros explayándose en horizontalidad, sin casi un resquicio por donde deslizar su esbelta figura desde el céntrico trono. Supongo que así podía guardar sus distancias, de ser preciso. Pero lo que es a nosotros nos animó a adentrarnos en su sanctasanctórum y nos deparó una amabilidad conmovedora: nos agradecía la visita, nos invitaba a volver. La Isla Entera terminó inevitablemente en comilona y tomatera según las distintas afinidades electivas. A la salida nos llama Jesús Díaz para contarnos de la revista que se propone crear y pide nuestra colaboración. Unos dos años después nacería *Encuentro*, que brindó un espacio de información y creatividad a lo mejor de la intelectualidad cubana de todas las orillas. Ante la perspectiva de volver sola al hotel esa noche me despido pronto, a lo que Heberto Padilla, protestando, me espeta: «a ti lo que te sobra es el marido». Heberto y su palabra filuda. Era en broma, naturalmente. La mañana siguiente, más cañas y tapeos y el infaltable recorrido por las librerías madrileñas. El coloquio «La Isla Entera», debido al carácter limitado de la convocatoria y a la prohibición de viajar impuesta a varios invitados por los poderes fácticos de La Habana, dejó a muchos indignados. Y a algunos, como yo, convidados de piedra, ávidos de Isla entera, por unos brevísimos momentos un poco resarcidos, contentos.

Ante la pérdida del suelo y la ausencia del dulce hogar habanero, mi deseo de devoraciones ha podido aplacarse recurriendo a laboriosas disciplinas como la etimología, la geolingüística, la mitología, la *alquímica memoria* (véase Blanco 2001), la peripatética, la patafísica, la astronomía y la retórica, invariablemente salpicadas de extranjerismos y referidas a *topoi* y tópicos del paraíso perdido: casas de aire y de agua y sus moradores, fijos en ciertos instantes entrañables; o bien a una sarta de habitaciones lejanas repartidas por el globo, sedes de trabajo y trasiego a ritmo de *perpetuum mobile*. Algún lector podría tildarlo de pedante o pretencioso, pero ese exceso textual, esa constante floración (dehiscencia, dije entonces[1]) es el precio de poder saciar mínimamente el hambre de que habló el Apátrida, esa extraña pobreza. Quizá también, y con deliberación, sea un intento un poco terrorista de competir con el frecuente hermetismo en el uso habanero del idioma español, cuya más pura expresión se sitúa, al parecer, en los «barrios calientes» o los solares de la capital en que se fragua toda clase de intercambios clandestinos o abiertos, o entre los Exislados que «en Miami, Madrid o Roma duerme[n] con el Malecón bajo la almohada» (García 2011: en línea). Y ese hermetismo está presente asimismo, por lo que dice el poeta José Kozer (aunque en otra vena, digamos más templada o, para no caer en malentendidos, más tibia, aunque tampoco), en la última poesía neobarroca, donde «el centro desaparece, la transparencia de expresión se difumina y da paso a una cierta oscuridad cercana al

---

[1] Véase, en este mismo volumen, «Del lugar común».

misterio original y a la posible hecatombe histórica a la que parecemos abocados» (Kozer 2015: 305-306). Todo ello –hermetismo rumboso u oscuridad barroca– en las antípodas, claro está, de la densa opacidad de la lengua de trapo (o de madera: *langue de bois*), esa que se ha desplegado con cuidado cinismo en el (doble) discurso oficial de Déspotas y algunos supuestos Ilustrados y Letrados por igual.

Flashback. 2015. 14 de agosto. Escribo estas líneas en medio de otras líneas que también requieren mi tiempo, teniendo por fuerza que pasar de estas a aquellas, aunque, por un enigmático azar, todas las que me ocupan terminan guardando siempre alguna relación entre sí, con la consiguiente proliferación de rizomas a veces incontrolables. Por ejemplo, escribo en medio (literalmente) de unas líneas de Kozer sobre el estado actual de la poesía latinoamericana y de otras de Charles Bernstein sobre el estado actual de la poesía norteamericana y en medio de mi propia vivencia del estado actual de la poesía a secas (tratando de hacerla). Dice Kozer que la antigua metonimia del neobarroco ha sido reemplazada ahora por el anacoluto, que supone «un continuo deslizarse», un «abarcar desplazando», una «descentralización» (2015: 305-306). Pienso, con todo, que Lezama con su vivencia oblicua y Sarduy con su elipse kepleriana de doble centro no están muy lejos de todas estas «novedades». Más importante aun, me pregunto si, por vía de la cadena metafórica, ello nos podría dar la clave para entender el significado recóndito de lo que está aconteciendo en estos mismos momentos en La Habana cuando se iza nuevamente la bandera estadounidense frente al Malecón después de 54 años de interdicción, inaugurando un período de relaciones no tanto peligrosas (cabe esperar) como imprevisibles.

Pero volviendo al tema de la lengua, la clara de Cervantes y esa otra turbia, gangosa, y volviendo al tema de la proliferación y la pobreza –causa y efecto de las más variadas devoraciones–, creo recordar que *nuestro* (quiero decir de Cuba, de la Cuba de todos) más connotado exégeta de la poesía del período republicano con su obra *Lo cubano en la poesía*, el Ilustrado Cintio Vitier, echaba mano, durante el período especial, de la noción lezamiana de «pobreza irradiante», para de alguna manera escamotear la penuria ambiental, interpretándola a modo de oxímoron como una *libertad* «ondeante como el viento que la agita y sujeta [...] por los principios al asta clavada en la necesidad», es decir, una libertad inmovilizada en su mismo despuntar, cuyo objetivo sería «sufrir y resolver» estoicamente las necesidades. Esto es: callar y padecer la «fatalidad» [...] sublimándola en la creación artística y poética supeditadas a dicha meta (en Díaz Infante 2009: 183). Extraña –y elitista– interpretación, que hacía abstracción de la población hambreada, y curiosamente exenta de la solidaridad esperada del Hombre Nuevo y, para colmo, cristiano. Pues ¿dónde hallarían esa sublimación el pobre de la calle o el campo o, incluso, el artista cesante o el poeta cesado? Con una mezcla de teleología martiana, obediencia jesuítica y mística revolucionaria tardía volcada a la *causa final* de la lucha antimperialista, Vitier echaba mano de la «razón poética» lezamiana como argumento supremo en defensa de su cruzada acomodaticia. Al instrumentar como razón de Estado aquella noción (paradisíaca), parecía esconder, al fragor de su trayectoria personal –religiosa, intelectual y política–, dos (antiguos) pánicos que en el fondo eran uno y el mismo: la angustiosa perspectiva de un exilio forzoso, con *terribles* consecuencias para la estabilidad y el patrimonio familiares y, de paso, el temido derrumbe de su autoridad literaria apuntalada en la *doxa* de *Lo cubano en la poesía* y la estela conservadora de *Orígenes*.

Flashback. 1961: México, Vitier escribe a Eugenio Florit, quien le gestiona en Nueva York una eventual pasantía docente en Columbia University:

> He sabido por varios conductos y he llegado al absoluto convencimiento de que, si hago efectiva mi aceptación, el retorno a Cuba es imposible mientras dure el régimen actual –y no hay elementos de juicio para suponer un rápido y decoroso fin de la tragedia cubana. Esto significaría desgarrar a parte de mi familia de su país por un tiempo indefinido, que bien podría ser toda la vida, a más de arriesgar a mi madre a perder lo poco que le queda, incluyendo la biblioteca de mi padre. Sé que miles de cubanos han aceptado este destino; yo no puedo resignarme a él, aunque la otra alternativa, se lo aseguro, no es menos terrible». (en Hernández Busto 2007: en línea)

La ulterior postura de Cintio Vitier es doblemente paradójica si se recuerda que él también fue víctima del ostracismo desplegado a partir del quinquenio gris contra todo «desviacionismo», incluido, entre otros, el de practicar una religión. ¿Cómo pasó, tras ser despojado de su cargo académico y relegado a tareas menores, a avalar a un gobierno que se había vuelto totalitario y represor, al que llegó a representar oficialmente como diputado y máximo ideólogo cultural? El pasado año, al cumplirse un lustro de su fallecimiento, el poeta matancero Roberto Méndez le dedicó una semblanza (2014) –amable pero sin tapujos, justa– que he leído recientemente (y que me trae a la memoria la igualmente ecuánime «meditación fúnebre» que en 2009 le escribiera Ernesto Hernández Busto desde Barcelona) con la mezcla de tristeza y rabia que me embarga cuando pienso en lo que ha venido a ser el luminoso destino de Cuba vislumbrado en 1959 y la decepcionante evolución de quien consideré, a la distancia, un maestro.

Flashback. 1979, Nueva York, Riverside Church (y no Columbia University), 3 y 4 noviembre. Conferencia organizada por el pro-castrista Center for Cuban Studies reúne a estudiosos y partidarios de la Cuba revolucionaria. Con la delegación cubana integrada por miembros de la no tan obvia dupla de cultura (cine, poesía, crítica literaria) e inteligencia (agentes del ICAP, la DI, el DA, *diplomáticos* de la CMUN[2]) aparecen (fuera de programa, pero se corre la voz) Cintio Vitier y Fina García Marruz, ya entrando o entrados en razón (instrumental). Yo, en esa época, estoy de lleno en la solidaridad con Chile contra la dictadura militar de Augusto Pinochet (lo que automáticamente me vincula a Cuba por la izquierda), aunque en posición cada vez más crítica respecto de la Revolución cubana. Sin embargo, soy Apátrida y por fuerza potencialmente sospechosa tanto para el lado chileno como para el cubano, tal como lo fui en el París del 68 para el cónsul que entonces me negó la entrada a la Isla («por gusana») cuando quise volver a verla con ojos de joven inte-

---

[2] Instituto Cubano de Amistad con los Pueblos; División de Inteligencia; Departamento América; Misión de Cuba ante las Naciones Unidas.

lectual idealista, así como para algún burguesito latinoamericano con ínfulas de guerrillero que solía pasearse por St.-Germain-des-Prés. No obstante, sin convocatoria o contacto, me «cuelo» en la conferencia (que es pública, sólo que medio secreta: para iniciados, se entiende); quiero acercarme a los Vitier, decirles que ante todo soy cubana, como ellos, saber de Sergio, su hijo mayor, compañero de colegio en el Instituto Edison (el legítimo, no el «pre» que luego vino a usurpar sus locales y su nombre). Lo hago con temor (al rechazo) y vergüenza (sí, vergüenza: de mi pecado original, de mi identidad mutilada, de padecer el síndrome kafkiano de bicho, verme, alimaña, *Ungeziefer*). Les entrego una carta en la que explico, etcétera. De la que luego se acordarán en Guadalajara.

Cuando en el período especial estuve en la Isla experimenté algo cercano a la auténtica «pobreza irradiante» en los lugares más alejados del poder, como la azotea de Reina María Rodríguez, donde se vivía la poesía y se bebía té negro; o en el taller renacentista de las Ediciones Vigía en Matanzas, junto al río San Juan, digno del *miglior fabbro*; o en el oscuro apartamento del arquitecto Armando Bilbao, enigmático amigo de Lezama, que recibió los mocasines americanos de mi hijo como un tesoro egipcio a ser llevado a la tumba; o en la casa etérea de Cleva Solís y su voz delgada disculpándose por pedir jabón. En todos estos casos, y en incontables otros de la Cuba profunda, lo irradiante era la luz interior, no la intensa penuria que saltaba a la vista en la mayoría de los hogares, tocados o no por el rayo de la alta poesía. Y en aquella situación de carencia, hay que decirlo, uno de los mayores objetos de deseo, de devoración, era el libro, y uno de los mayores actos de oculta disidencia, la lectura. Por un lado, esto decía bastante sobre la continuación de una tradición editorial (sujeta, eso sí, a la censura y, según los altos y bajos de la política y las alianzas estratégicas, a limitaciones económicas como la falta de papel, tinta, grapas, presillas y otros materiales *sine qua non*); asimismo, destacaba la urgencia de procurarse los textos de las corrientes teóricas y literarias de vanguardia (así como las películas y la música), en particular todo lo que estuviera prohibido o mal visto por el régimen. El Apátrida, ironizando como es su estilo, dice que los intelectuales de la Isla se leen todos los libros que no hay, mientras que los de fuera se compran todos los libros habidos y por haber y no terminan de leer ninguno.

Flashback. 2015. Salzburgo, Austria. Hace unos días vi en el teatro de la antigua *Felsenreitschule*, cavado en la imponente roca del Mönchsberg, cuyo túnel atravesaba diariamente Thomas Bernhard desde el barrio obrero de Lehen en su caminata hasta el Mozarteum maldiciendo esta ciudad que odiaba, una *Dreigroschenoper* de Brecht (1928), con la fabulosa música de Kurt Weill, esta última excepcionalmente sometida a un (horrible) arreglo «moderno», muy en contra, por cierto, del designio expreso del compositor. Allí estaban el *Lumpenproletariat* y su corte: los mendigos, las prostitutas, el proxeneta-usurero hipócrita y explotador, el agente de policía y el *gangster* Mackie Messer en el Berlín de la República de Weimar, justo antes de la catástrofe bursátil del 29, en una obra desenfadada y con un tono ligeramente cínico en la que Brecht mismo admitió no haber aprovechado a fondo las posibilidades del tema para plasmar con fuerza en ella los postulados marxistas. No obstante, esta *Ópera de tres centavos* fue su mayor éxito, con el que inauguró una nueva modalidad teatral de carácter alternativo, tanto por su temática como su concepción escénica y la orquestación, que ya anuncia el género melodramático de Broadway y representa, con todo, una feroz sátira de las relaciones humanas en la sociedad capitalista, no exenta de humor pero tampoco de *pathos*. Es curioso como todo depende del cristal con que se mire. Revisando un poco la recepción que ha tenido la obra en distintos contextos nacionales, hay marcadas diferencias: he aquí que, por ejemplo, los directores de esta producción para el Festival salisburgués opinan que la forma en que el autor representa el burdel es más bien «romántica» y que toda la obra, si bien logra conmover y por momentos asombra por su áspero sarcasmo, es una estructura más bien endeble que se sostiene gracias a momentos musicales e histriónicos memorables pero que en el fondo carece de unidad dramática y de un mensaje inequívoco, elementos que Brecht llegará a dominar en obras posteriores. En América Latina, la crítica bonaerense se detiene en la cuestión de la debida imbricación del tema con los medios de producción teatrales, la idoneidad de la escenografía y las estrategias interpretativas en el marco de un interesante análisis sociológico de la obra. Y en una puesta en escena en Costa Rica, partiendo de una bien documentada perspectiva postestructuralista, los críticos pusieron de relieve el original concepto de alejamiento mediante la no identificación y la gestualidad artificial introducido por Brecht para que el espectador, en lugar de involucrarse emocionalmente, piense. En Cuba, sin embargo, el autor de la reseña correspondiente parece estar algo fuera de foco en cuanto a la factura y coyuntura de la obra: «La *novela* de los tres centavos se dirige a la denuncia del fascismo que en la década del treinta invadió a Europa como un cáncer maligno. En la *novela* hay una intención tácita y expresa de romper con el mito oficializado del ahorro como base del capital, para en su lugar ofrecer un panorama épico de la acumulación originaria del capital y la consecuente *depauperización* [sic] de las masas trabajadoras, tan negada por los capitalistas en sus proposiciones democráticas. [...] Poniendo al desnudo la esencia de racismo, que implícitamente subyace en la máxima enarbolada por los fascistas de que el hombre débil perece y el hombre fuerte combate...»[3]. Etcétera. Se tiene la impresión de que en vez de comentar la obra de Brecht se estuvieran reflejando ciertos aspectos de la realidad nacional.

Mi sed de libros era igual de grande. Recorría casi diariamente las no muy numerosas librerías de El Vedado y compraba casi todo lo que se ofrecía. Así fui complementando con ediciones «nacionales» mi ya envidiable biblioteca cubana armada en el exilio y codiciada tanto por Ilustrados de Cuba que luego visitaban mi casa en Viena como por los que venían de otros lugares. Adquirí, a menudo duplicando títulos y autores, todo Martí, los autores del Grupo Orígenes, que estaban a la orden del día, gracias al Coloquio del Cincuentenario en 1994: Lezama y Eliseo Diego, Vitier, García Marruz, Gaztelu, Octavio Smith, Cleva Solís, Alberto Baeza Flores, José Rodríguez Feo (en particular su correspondencia con Lezama) y hasta algo de Virgilio Piñera, cuyo teatro empezaba a salir tímidamente de la nebulosa durante ese decenio. Con el Cincuentenario de *Ciclón* en 1996, que también fue objeto de un coloquio internacional al que asistí, aparecieron algunos textos de y sobre Sarduy, el cual comenzaba a ser «recuperado». En ese año, por primera vez desde 1959, se dictó en la Universidad de La Habana una conferencia sobre la

---

[3] Véase *EcuRed*: <http://www.ecured.cu/index.php/La_novela_de_los_tres_centavos>.

obra poética de Gastón Baquero, que estaba en un aun más lento proceso de rehabilitación. Toda esa devoradora bibliomanía cubana, que existía entonces en ambas orillas del Estrecho y del otro lado del Atlántico es, como se habrá visto, materia de largas disquisiciones en el ensayo de marras que abre este libro.

En un registro paralelo y lejos de todo misticismo, la expresión «pobreza irradiante», junto con semejante afición lectora, me recuerda nuestros primeros años de exilio en Nueva York, cuando en varios grupúsculos familiares vivíamos una apretada e íntima solidaridad, en pobreza sólo relativa pero genuinamente irradiante, en sendos apartamentos de un pequeño hotel «de residentes» del *Upper West Side* a la altura de Broadway y la 95, barrio en ese tiempo aún no alcanzado por la renovación urbanística (léase especulación inmobiliaria y paulatina marginación de sus habitantes de larga data e inmigrantes más recientes) y poblado entonces principalmente por afroamericanos y «latinos»: en su mayoría puertorriqueños, dominicanos y, de repente, nosotros. Allí recuerdo haberme leído de un tirón en una especie de trance *El idiota* y muchos otros clásicos incluidos en el *curriculum* del bachillerato que no alcancé a terminar en mi colegio habanero, tumbada en la cama de mis padres mientras veía a mi mamá, doctora en filosofía y letras, cocinar para toda esa familia ampliada después de volver de su trabajo de oficinista en una compañía de seguros. Cuando llegaba mi papá del suyo, ponía ópera en la radio Grundig de onda larga y corta, muy parecida a la que había en la casa de La Habana. Yo tenía 13 años y leía *El idiota* con *Otelo* o *Tosca* de música de fondo. Por esa época empecé a aprender francés. Mi hermana y yo dormíamos en la sala. La privacidad del cuarto propio no me era dada entonces en el menú casero pero sí la lectura, aprovechando el sueño de la pequeña, hasta altas horas de la noche.

Flashback. 1959. Casa fresca, losetas decimonónicas (hoy «baldosas hidráulicas», omnipresentes en las revistas de decoración): su tacto, sus volutas y floripondios siempre en la memoria. Los portales. Familia (y agua) por todos lados, otras casas con sus protocolos, sus olores particulares, sus trozos de cielo. Azoteas. En alguna parte leí: la influencia familiar de lo tropical. Eso era. Y también, la influencia tropical en lo familiar: un cierto ritmo, un tono, una gestualidad. Sudor salado. Adoración de las playas, la arena candente, el agua de mar diamantina y tibia. El Túnel de La Habana, que me llevaba hasta allí (mito urbano: «por el Túnel se maneja rápido» decían mi papá y todos los choferes locales, contra cualquier código de la ruta del mundo real, léase continental). La bicicleta y yo: peligro público. Largas calzadas, lomas. Isla: ¿cómo era vivir en una isla? Trato de pensarlo ahora. Entonces nunca: se vivía. El espacio parecía infinito. Sin claustrofobia, por mucho que dijera el neurótico de Virgilio. Sin agorafobia: con aguaceros. Mis calles. Mi colegio amado sobre la colina. Tantas caras, muchas idas ya. Sergio, Victorino, Horacio: frustrados rivales por el primer puesto, novios potenciales (ninguno fue). Voces, campanas. El padre, artífice de la partida: cómo calibrar su impacto en la piel, en la planta de los pies, en la retina. Imposible imaginar un futuro: libro en blanco. Tampoco se pensaba aquello, era impensable. Se vivió, lo vivimos, era (habrá sido) el fin.

Por un azar concurrente, en ese trajinado año de 1994 se produjo otro encuentro, que visto retrospectivamente resulta premonitorio, entre el Apátrida y el que encarnaría al Famélico[4] proverbial de aquel primer ensayo, el joven y ya descollante escritor Antonio José Ponte. Fue en el Coloquio Internacional Cincuentenario de *Orígenes*, organizado como parte de la «operación rescate» por la que se intentaba «recuperar» a escritores como Lezama y Sarduy, entre otras víctimas del endurecimiento de la política cultural iniciado en 1968. Resucitando los valores tradicionales de identidad y patrimonio nacionales (frente a la necesidad de suplir el deterioro material), el entonces Presidente de la UNEAC, Abel Prieto, declaraba la intención oficial de «independizar la posición política del individuo de los valores de su obra y de sus aportes culturales» puesto que la Revolución había alcanzado la madurez necesaria para esa recuperación (Díaz Infante 2009: 169), madurez bastante cuestionable a la luz de la crisis en que repentinamente se vio sumido el país tras el colapso del campo socialista. En tales circunstancias, se estimó conveniente abrir

---

[4] Llámase indistintamente Famélico en el universo de estas *Devoraciones* a los Ilustrados y demás Letrados, es decir, a todos los pobladores que habitan (o habitaban) la Isla como integrantes de la clase *no acomodada*.

algunas ventanas para airear el ambiente: entre otras cosas, se anunció en 1994 la primera conferencia «La nación y la emigración», con participación de la recién bautizada «comunidad cubana en el exterior». Doy fe de que al menos el consulado cubano en Viena cumplió su cometido de darle amplia difusión porque a todos allí nos llegó la convocatoria de marras. No asistí, por supuesto, considerando que, a diferencia de los coloquios literarios que se organizaron durante el período especial, en que «los (pocos) de afuera» participaban sin compromiso ideológico alguno, esas conferencias eran la típica maniobra oficialista con fines políticos. Por otra parte, en *La Gaceta de Cuba* empezaron a aparecer tímidas reseñas de unos pocos autores del exilio, firmadas por Ambrosio Fornet. Ello indicaba un incipiente deshielo de las relaciones entre esos dos bloques eufemísticamente denominados «la nación» y «la emigración»; con todo, se mantenía una actitud reservada frente a los exiliados, que seguían siendo percibidos en el mejor de los casos como *no revolucionarios*. ¿Cómo llegué al Cincuentenario de *Orígenes*? Durante mi primer viaje a Cuba en 1990, en misión como traductora de las Naciones Unidas, solo alcancé a hacer un rápido reconocimiento de mis antiguos lares. Tomé muchas fotos, pocas notas. La palabra estaba como ahogada ante la catarata visual, el chorro afectivo: ya iría emergiendo de a poco, entrecortada, más tarde. Cuando en 1993 participé en un simposio de poesía en la Feria del Libro de Guadalajara, me topé con la delegación cubana y al conocer mi interés por *Orígenes* Vitier me propuso participar, el año siguiente, en el coloquio que se estaba preparando. Recibiría, dijo, una «invitación» por escrito. Así fue y llevé una ponencia muy documentada y exhaustiva –nada política, por cierto– sobre «La literatura francesa en *Orígenes*», que leí en la sesión inaugural. No sé quiénes estaban más atónitos de mi presencia allí, *los cubanos* o yo.

Flashback. 1963. Nueva York, Hunter College. Una de mis primeras lecturas de adolescente aventajada fue Montaigne. Sus ensayos me revelaban la aguda mentalidad francesa y al mismo tiempo algo mucho más cercano a mí, un merodeo, un *tempo* sincopado, una devoradora curiosidad, que contrastaban con el rigor intelectual y el lenguaje afilado y preciso de su prosa. Estilo libérrimo y literario, sin la camisa de fuerza del ensayo académico, que hurgaba en la complejidad humana, en sus matices y por tanto en la diferencia que individualiza a personas y sociedades, y acogía con alegre naturalidad las situaciones más insólitas cuando éstas tuvieran la capacidad de hacer tambalear las ideas fijas de la filosofía o la costumbre. Este sentido crítico, rayano en lo inquietantemente transgresor, que desplegó por ejemplo en su célebre ensayo «De los caníbales», donde analiza la noción de barbarie y hace gala de un relativismo cultural original y precursor basado ante todo en su propia experiencia de vida y de lectura, iba dirigido a sus dos pasiones: la búsqueda de la verdad y el ejercicio de la libertad. Es un estilo exento de intención proselitista o siquiera didáctica, vehemente y virtuoso, directo pero colorido y rítmico, que procede «a saltos y brincos[5]» por incontables digresiones y vericuetos y que prefiere ser exigente antes que aburrido. Su defensa del hedonismo, el ocio y el *savoir vivre* redondean un modo de ser y de escribir que no podían sino cautivarme. Y que hasta aquí trato de hacer míos. Como dice la canción: a mi manera.

En aquel segundo viaje conocí por fin a los escritores *de adentro*, algunos consagrados, varios reciclados, otros emergentes, y entre estos últimos a más de uno que *dio la nota*, para inquietud mía (por ellos) y mortificación de los altos representantes de la cultura oficial, con irreverentes ponencias sobre *Orígenes* y frontales intervenciones en el debate posterior. Entre ellos estaban Ponte, Rafael Rojas, Damaris Calderón y Rolando Sánchez Mejías, junto con otros integrantes del recién creado grupo Diáspora(s). Una cosa era clara: podía haber cierta apertura, sobre todo respecto de *invitados* advenedizos al debate de fondo (como yo), pero lo que no se podía tolerar era que escritores sujetos al *dictum* inamovible del Déspota[6] desafiaran la versión oficial del *origenismo* y atentaran contra el canon a duras penas restablecido después del quinquenio gris y su secuela de «rectificaciones» y dilatadas «recuperaciones», entre ellas muy especialmente la de Lezama y su obra. Me vienen a la mente en

---

[5] «J'ayme l'alleure poetique, à sauts et à gambades» [«J'aime l'allure poétique, à sauts et à gambades»], dice Montaigne en «De la vanité» (2004: 994).

[6] El «Dentro de la Revolución, todo; contra la Revolución, nada» de «Palabras a los intelectuales» (véase Castro 1961).

particular las agudas intervenciones de Ponte y Rojas ante el *establishment* literario compuesto, por una parte, de la plana mayor, paternalista y didente, tratando con dificultad de mantener una apariencia de apertura al diálogo y a la vez de controlar –subliminal o, si preciso fuere, verbalmente– una situación que se le podía ir de las manos frente a un público nacional cautivo y un puñado de académicos internacionales, y, por otra, de los Ilustrados y Letrados del patio, cuidadosos de no hacer nada que pudiera acarrearles –en algunos casos, por segunda vez– alguna relegación o condena. Recuerdo también que una vez terminada la sesión corrí a abrazar a Ponte, a saludar a Rafael, a Rolando y Damaris, ya absurdamente nimbados de incipiente disidencia, y salí con ellos para continuar la charla en un ambiente más relajado, *entre amigos*. Muchos años después, en Madrid, Ponte recordaría ese momento, ese abrazo. No hay que subestimar el riesgo que corrían, ni menos la audacia con que, distanciándose de la reciclada moda origenista, defendieron el derecho a la diferencia y la libertad de expresión. En el escuálido escenario habanero de 1994, el Coloquio Internacional Cincuentenario de *Orígenes* preveía una «cena lezamiana» (aplazada *sine die*), que habría acabado con cualquier fantasía gastronómica del vate de Trocadero, y se clausuró con un concierto de música clásica a orquesta plena y coro. Veo todavía a un *Kuntius* Vitier algo envejecido pero siempre alerta, parado en la nave principal de la iglesia del convento de San Francisco, remozada para la ocasión, su rostro cobrizo iluminado por el rayo inquisidor de la «razón poética», saludando selectivamente, cooptando una respuesta políticamente correcta: «¿Te gustó el concierto?».

Flashback. 1993. Guadalajara, México. Me acuerdo de una anécdota sublime que no puedo dejar de contar. La Feria Internacional del Libro está entonces dedicada a Colombia, con la que se inaugura la tradición de invitar a un determinado país cada año. El poeta Eliseo Diego, de Cuba, recibe en esta ocasión el Premio de Literatura Latinoamericana y del Caribe Juan Rulfo, luego rebautizado Premio FIL de Literatura y vuelto a bautizar Premio FIL de Literatura en Lenguas Romances: toda esta mutación debida a la existencia de una *marca registrada* del nombre del autor de *Pédro Páramo*, quien estaría sin duda maldiciendo desde Comala al miembro de su familia al que se le ocurrió tal (rentable) ridiculez. Se celebra también allí el IV Simposium Internacional de Crítica Literaria y Escritura de Mujeres de América Latina, en el que participo, y en el marco del cual se otorga por primera vez el Premio Sor Juana Inés de la Cruz, destinado a premiar la novelística escrita por mujeres. Está también el poeta argentino Juan Gelman, que vive en México, acaba de publicar en Buenos Aires *Salarios del impío*, además de una antología personal, y participa en la Feria ese año en un conversatorio con lectura de algunos poemas. A Juan lo conozco de las Naciones Unidas, traductor como yo, colega entrañable. La gente corre a la sala donde va a leer Gelman. Todo es bastante informal, un poco frenético, pero emocionante. El poeta argentino saluda, charla, contesta, por fin lee. Está leyendo un poema en el que de pronto resuenan las palabras «Che Guevara». En ese preciso instante algo se desplaza. Se siente como una corriente de aire, un volumen rozando alguna superficie. Como propulsado centrífugamente por un resorte, Cintio Vitier se ha puesto de pie y aplaude, aplaude, solo, por sobre la voz de Gelman, hasta que los menos tímidos del público se van incorporando lentamente y luego todos se suman al intempestivo homenaje. Todos —menos uno— de pie metiendo ruido y Gelman momentáneamente mudo, con el poema entre los labios. Lo recordamos, no sin hilaridad, cuando fue a Viena en 2008 a inaugurar la biblioteca del Instituto Cervantes que lleva su nombre y a la que pienso legar una parte de mis seis mil y tantos libros.

Sí, me gustó sobre todo *estar* en el concierto. Hoy me doy cuenta de que ese período especial en tiempo de paz, clavado súbitamente en el blanco de medio siglo revolucionario, fue para mí el *período especial de mi exilio*, coincidentemente insertado en el punto de inflexión de mi vida adulta, y mi deriva ensayística de esos años fue mi forma de sublimar, también yo, la carencia y el deseo de Cuba llegados insensiblemente a un cierto hito en el tiempo y la distancia. Con el relativo deshielo instaurado en esa década del noventa y el entusiasmo de, por vez primera desde 1961, *tener* el suelo cubano bajo mis pies, la cercanía de mis pares, revivir —entre esperanzada y escéptica— la vieja ilusión de un intercambio solidario y quizá exento de rencor o sospecha, mis viajes a Cuba durante ese período y las relaciones que allí establecí me permitieron vincularme, a nivel personal, con los que tal vez habría compartido una vida literaria y, a un nivel más elemental, con el suelo y el aire que los no sometidos a un exilio interminable respiraban, aunque con dificultad, a diario… Ese sentimiento era por fuerza no patrio, surgía más bien de aquella filiación *matria,* vegetal, (h)orti-cultista, con que el Apátrida había caracterizado el «lugar común». Si la utopía revolucionaria llevada a la praxis había derivado en una des(cons)trucción material y social del cuerpo de la nación, mi utopía de Cuba, la del lugar común, era por el contrario una vasta cantera afectiva que permitía edificar monumentales maquetas en un fuera de(l) lugar: el espacio de unidad o reunificación que yo buscaba –y lograba efímeramente– reproducir en los predios de la diáspora, como ese «viaje por la vitrina vienesa de Vigía», o el que emergía con periódica insistencia del inconsciente y se plasmaría un día en el momento y entorno más insólitos, en Kenya, como «sueño cubano en África», y su revés, el «sueño africano en Cuba». He encontrado por azar, en el lugar (textual) menos pensado, un pasaje que describe esa acerada materialidad de la palabra en el horizonte onírico. En una curiosa primera obra de Victoria Ocampo, *De Francesca a Beatrice* (1924), leo lo siguiente:

> Todo el mundo conoce la importancia que adquieren en los sueños ciertas frases. Experiméntase, entonces, sólo al enunciarlas, la sensación desbordante, triunfadora, de mezclarse a un infinito en el que todo misterio se evapora, de flotar en una atmósfera de soluciones deslumbrantes. De estas frases parecen brotar la fuerza, el conocimiento, la luz… Y he aquí que cuando despertamos, súbitamente, y las repetimos, su prodigiosa sonoridad se ha desvanecido, el bronce trocose en plomo, la idea se encogió de tal suerte que ya no nos es posible entrar en ella». (Ocampo 1924: 13-14)

Es aquel lugar común el que se me perfila cada vez más como el paradójico lugar de la aporía: *to have and have not,* teniendo sin tener, no tener teniendo.

Flashback. 416 a. C. No podía faltar la digresión etimológica (y mitológica): aporía, del griego, *a* (sin) *póros* (paso, pasaje), situación sin salida, infranqueable; estado incierto, dubitativo, indecidible. Ese término, sin embargo, remite también a Platón y al mito de Poros (facilitación, disponibilidad, abundancia) y Penia (dificultad, carencia, pobreza), que Sócrates relata a los invitados al banquete de Agatón tal como lo escuchó de labios de la sacerdotisa Diótima de Mantinea. En la fiesta de Afrodita, Poros, impedido de hacer gala de su talante facilitador por haberse quedado dormido, y Penia, tomando ejecutivamente la iniciativa en contraste con su proverbial cortedad, engendran a Eros, que encarna la naturaleza de ambos: la imbricación de exceso y carencia en un quiasma de opuestos irreductibles e inseparables, tal como el deseado lugar común que se caracteriza por la proliferación semántica y el borramiento de la identidad unívoca, por ser centro ubicuo, móvil, de un caleidoscopio de posicionamientos diferentes y mutuamente necesarios para una diversidad no institucionalizada sino abierta a la libre combinatoria de significados y significantes, del *signo*. Lo dice también, a su manera, un ciudadano del mundo procedente de un lugar límite y múltiple, de esa aporía que es Trieste, Claudio Magris: «La cultura es la capacidad crítica de juzgar y juzgarse, de no creerse el centro del mundo…» (Ordaz 2014: en línea).

El Apátrida se ensarta en toda clase de teorías y las aplica de un campo del conocimiento a otro (y a veces acierta, aunque no siempre). Ahora deduce que la reacción «orgánica», oficialista, en determinados momentos de crisis del sistema, como la que desembocó en el quinquenio gris, o de colapso material –económico, social, infraestructural– coincide con lo que los estudiosos han visto como un tipo de *crítica aporética* que, a la luz del análisis de Paul de Man (1991: xii y ss.) sobre la crisis de la crítica (referido, en su caso, a la filosofía, por un lado, y a la retórica y la crítica literaria, por otro), a la vez que expresa el objeto desencadenante de la crisis no registra su origen en el trance que la motiva, sino que permanece ciega respecto de sus presupuestos, de su punto de tropiezo, de su propia opacidad. Y constata asimismo con pesar, aunque no sin convicción, que ese tipo de crítica no se diferencia mucho del que, en la otra punta del discurso político, han practicado por décadas los representantes de las posiciones más contumaces de la oposición cubana en el exilio. Ambos extremos de esa ciega retórica de crisis son los que están en la mira en el ensayo «De déspotas e ilustrados», en este mismo volumen. En cuanto a la evolución que han tenido desde entonces los personajes de ese texto, se trata de simples operaciones de suma, resta, multiplicación y división. Los Déspotas en Cuba ahora son dos: Hermanos Siameses, unidos y duales, atados por el tronco y sueltos de cabeza, mirando y hablando cada uno para el extremo opuesto a fin de cubrir todos los flancos y responder por ninguno, numerito que si bien dominan a la perfección podría bien roerles la coherencia sistémica y acortarles la ya gastada vida útil. El *Übermensch* machaca las consignas de antaño como si su tiempo no se hubiera derrumbado con la «Centro Habana» que él condenó a un desmoronamiento lento, y el *Realpolitiker* negocia la supervivencia del régimen y de su clan en el poder, al menos hasta que la muerte o el fin del embargo los separe, y de paso trata y no trata de mejorar un poco, si eso fuere posible, la imagen con que pasarían a la historia.

Por su parte, los Letrados –la inmensa mayoría de la población gracias a la exitosa campaña de alfabetización llevada a cabo en aquellos idealistas primeros años revolucionarios– han tenido varias opciones: se han encumbrado en la cúpula o en la cuadra, han «bajado el moño» manteniendo un cauto anonimato, o han descendido a las cárceles o al fondo del mar, según se trate, respectivamente, de disidentes o balseros. Los más pragmáticos (y aún vivos) entre los de abajo han cambiado de oficio y son ahora choferes particulares, operadores de bicitaxis, guías turísticos, improvisados *restaurateurs* o emergentes magnates inmobiliarios, entre otras ocupaciones más lucrativas que las aprendidas en su carrera profesional. En definitiva, el supremo derrumbe, junto con el de la ciudad, es el del tiempo. Eliseo les dejó «el tiempo, todo el tiempo» (1993: 80) pero Ponte y tantos otros Famélicos ilustrados y letrados ya no están en ese húmedo tiempo insular sino en el tiempo globalizado y brutal del Apátrida. *Huis clos* da paso a *Godot*: lo pronosticaron Virgilio Piñera y su circunstancia, Gertrudis Gómez de Avellaneda (al partir) y Reinaldo Arenas sepultado por el desplome de una «barbacoa» en un edificio agujereado que habría sido blanco y disfrute de Gordon Matta-Clark si hubiera vivido para verlo.

¿Y quiénes son, o eran, los Ilustrados? Por un lado, los intelectuales que ya no están, por obra de la Parca (resta, división): desde Sartre (y compañía) –el clásico intelectual europeo pronto desencantado y censurado– al clásico intelectual orgánico cubano Cintio Vitier, antes censurado y luego «convertido»; y los que siguen estando en posición de mando o de mandados (los más), arropados por los oficiantes, los críticos «de crisis», los críticos cautos. Por otro lado, los intelectuales disidentes: escritores, artistas, pensadores, cineastas, periodistas, abogados, científicos devenidos blogueros, activistas políticos o culturales… Y más allá, toda la intelectualidad del exilio y la diáspora, cada vez más nutrida de nuevas «deserciones» de la Isla. Los Ilustrados, tanto oficialistas como opositores, afuera como adentro, representan una gama cada vez más amplia de posiciones, desde las más tibias hasta las más duras, las cuales también han tenido una inesperada evolución. En el caso de los desafectos al régimen, esa evolución ha sido particularmente curiosa, pues la disidencia en la Cuba socialista tiende a ser mayoritariamente de derecha, mientras que en el exilio y la diáspora ha surgido una oposición de «izquierda anticapitalista» con una «visión de sociedad inclusiva» y opuesta al embargo. Curioso y esperanzador quiasma, pues cualquier evolución inédita puede ser catalizadora para una salida del *impasse* aporético.

Flashback. 1966 *bis*. París. Una palabra (que no entiendo) me encandila. Estructuralismo. Me asusta: intuyo abismos, cataclismos. A la vez me arrastra y me dejo llevar. Se me abre un universo que abarca todas las esferas del saber: como estar de repente en el centro de una fábrica inagotable de ideas donde uno no sabe por dónde empezar a pensar, a trabajar; en la cresta de la ola del pensamiento de vanguardia viéndolo nacer, debatirse contra otras teorías, madurar, plasmarse en sucesivas entregas sobre el papel. Y recibirlo de viva voz en la sala de conferencias sintiéndolo renacer en mí como un almácigo que lentamente echa raíces. Así fue con Barthes: un *coup de foudre*. Leerlo era *el placer del texto*; verlo, con su nariz sinuosa, escuchar su voz de auténtico terciopelo en el seminario sobre *S/Z* de Balzac, en 1967, fue la seducción misma. Simpatía inmediata también por Lucien Goldmann, el profesor campechano e informal, el estructuralista marxista, o al revés, el sociólogo de la literatura cuya crítica, según el propio Barthes, es la más fecunda que pueda hacerse a partir de la historia social y política. Sus polémicas con este último en torno a Racine fueron legendarias pero amistosas, pues ambos eran dueños de un saber y de un estilo inconfundibles, lejos del academicismo rígido de los señores catedráticos de la Sorbona. En el Collège de France daban la hora Lévi-Strauss en antropología y Foucault en su mezcla peculiar de filosofía política y teoría del conocimiento. Y en otro templo de la alta cultura, la Escuela Normal Superior de la rue d'Ulm, se cocía la teoría marxista pura y dura: allí reinaba Althusser con su séquito de discípulos liderados por Marta Harnecker, quien tomaba apuntes a mano sobre un colchón de una decena de hojas de papel cebolla alternadas con papel carbón que luego repartía a su «grupo de estudio». Yo no asistía al seminario de Althusser pero una vez llegué a una de las reuniones de ese grupo acompañando a un amigo. Era una especie de taller donde Harnecker pontificaba y el que no estaba bien despierto estaba perdido. La futura exégeta del maestro, sin embargo, tenía su lado frívolo. En una pausa, ella y otras discípulas se fijaron en mi maquillaje de ojos y querían saber cómo y con qué... Tenía otro lado un poco intimidante pero era una trabajólica simpática. Lo mío era la literatura y la teoría aplicada a la literatura (y, sí, a la moda y al amor: por eso me gustaba Barthes, que fue un eterno enamorado y un esteta). Una vez llegó de Berlín Herbert Marcuse, siempre sonriente, y pasó a saludar al seminario de Goldmann. El autor de *Eros y civilización* era el mentor de nuestra generación en materia de política contestataria, amor libre y *défoulement* general: sus teorías nos foguearon para derribar no sólo las barricadas de mayo del 68 sino también, entre otras cosas, la milenaria política de segregación sexual imperante en las residencias estudiantiles. Estos eran tres de los más interesantes teóricos de entonces y fue un privilegio asistir a sus seminarios. Goldmann falleció de un fulminante cáncer de páncreas en 1970. Marcuse sucumbió a un ataque al corazón en 1979. Barthes murió atropellado por un camión en 1980 mientras cruzaba la rue des Écoles. En ese mismo año, Althusser, que había urdido un imponente edificio teórico a partir de Marx, estranguló a su esposa. Tras ser declarado inimputable a causa de los trastornos mentales que lo aquejaron en la infancia y durante su reclusión en un campamento de guerra nazi, pasó varios años en el hospital psiquiátrico de París y murió en 1990.

El Apátrida observa que todos los Ilustrados, dondequiera que se encuentren, siguen enfrentados al eterno problema del papel del intelectual en la sociedad y su relación con el Estado, cuestión candente desde el comienzo mismo de la revolución cubana y planteada sin ambages precisamente por Sartre durante su visita a Cuba en 1961. En su centro está el dilema entre ideología y ética, que hoy día atormenta aún a los intelectuales y políticos del mundo. En este ámbito surge la cuestión de los fines y los medios, y es ahí donde se echa mano frecuentemente de los criterios acomodaticios que dan lugar a un doble estándar en la acción. El fundamentalismo fidelista y el pragmatismo raulista (y de los «encargados de contenidos» que los aplican) tienen su contraparte a nivel internacional –a estas alturas, más incombustible que el conservadurismo acérrimo de una parte (declinante) del exilio cubano– en la ceguera con que todavía muchos sectores progresistas del mundo no cejan o no han cejado del todo en su apoyo a ese despotismo no ilustrado en que se ha transformado la revolución cubana, escudándose en lo que Yoani Sánchez ha bautizado como «el Mito».

Sánchez, hablando desde su experiencia personal como Ilustrada y vocera de oposición dentro de Cuba, resume la escena:

> Cuento de los actos de repudio, las detenciones arbitrarias, los fusilamientos de la reputación y de una nación en balsa que cruza el estrecho de La Florida. Les hablo de las familias divididas, de la intolerancia, de un país donde el poder se hereda por vía sanguínea y nuestros hijos centran sus sueños en escapar. Y entonces llegan todas esas frases que he oído cientos, miles de veces: «pero ustedes no pueden quejarse, tienen la mejor educación del continente», «sí, será así pero no puedes negar que Cuba se ha enfrentado a Estados Unidos por medio siglo», «bueno, no tienen libertad pero salud pública no les falta»… y un largo repertorio de otros estereotipos y falsas conclusiones sacadas de la propaganda oficial. La comunicación se ha roto, el mito se ha impuesto. Un mito alimentado por cinco décadas de distorsión de nuestra historia nacional. (Sánchez 2013: en línea)

Yoani *dixit*. Y yo digo: el fin no justifica los medios. En efecto, el Apátrida conviene en que es difícil explicar «la situación» a los que viven más allá de esas aguas tiburónicas. Pues explicar la Revolución a los taxistas, como lo ha intentado infructuosamente un colega (véase Prieto 2009), no es menos desafío que explicarla a los intelectuales, que son un lote de gente complicada aunque quizá, hoy en día, menos díscola que los taxistas. Éstos, al menos, como los herederos de Eliseo, tienen todo el tiempo en su paradójicamente móvil y a la vez estacionaria profesión. Pensar es quizá su actividad natural, pues todo lo demás es mecánico, automáticamente asumido. Como el peripatético arcaico, el taxista discurre sin parar (o parando) para el otro, es decir, para el cliente. El *H*intelectual *H*internacional sujeto a dogma partisano o partidista ha dejado de pensar y *H*abla para la *H*istoria: o sea, para nadie. Y el auténtico intelectual de la Isla –el Ilustrado– casi ha dejado de existir como tal, virtualmente anulado por la política de Estado.

Flashback. 1966. París. Una Apátrida vislumbra su pasión latinoamericana a la vez que se fascina con las teorías de vanguardia y emprende su educación sentimental. Despierta a la intelectualidad, a la filosofía, a la política. Descubre el vertiginoso placer de la libertad (de arbitrio, no de mercado), entusiasmada por la Revolución, por las revoluciones, los Beatles, la *New Left*, el amor libre. A las puertas de la veintena se perfilan romances, ideales, viajes. Pero padece el estigma de la *gusanidad*: se la considera peligrosa, capaz de espiar y poner bombas. Cabe recordar que la palabra gusano fue utilizada por Goebbels para despersonalizar a los oponentes políticos o de clase y luego por Fidel Castro para denigrar a los exiliados y disidentes, considerados traidores. En *La metamorfosis* de Kafka aparece su equivalente alemán, *Ungeziefer*, epíteto que también se empleó, cómo no, para humillar a los judíos. Entonces, yo, Apátrida atrincherada en la Sorbona, quiero a Cuba y Cuba no me quiere, Cuba no me deja entrar a Cuba, mi país, para ir a cortar caña con las brigadas de estudiantes. Debo confesar que no me veo, ni me veía entonces, cortando caña: nunca ha sido lo mío. No se perdieron gran cosa sin mi mano de obra o, como diría (premonitoriamente) en su día España (y, *a fortiori*, en el día de hoy), más se perdió en Cuba. Como a esos otros jóvenes universitarios, era la aventura intelectual y política lo que me atraía, la solidaridad, el internacionalismo, la entrega. En cambio, USA me quiere y entonces yo no. Quiero a Vietnam. Quiero a América Latina. Dato curioso: nunca antes me había identificado como latinoamericana, sólo como cubana (y luego como Apátrida). Es que antiguamente en Cuba éramos cubanos y punto (isla, agua). Y si acaso –los más pretenciosos, los más *nouveaux*– un poco «americanizados», que no americanistas. Nos sentíamos (estábamos) más cerca del Norte que de Latinoamérica, que sonaba lejana. Si no hubiera sido por Francia (paradoja del cosmopolitismo forzoso), esta Apátrida no habría adquirido conciencia latinoamericana (sino quedado presa del nacionalismo insular) y es posible que hasta habría perdido el dominio de su lengua materna, víctima de aculturación *express*.

Martí fue latinoamericanista en el sentido clásico de la palabra, el que también le dieron Bolívar y demás próceres de la independencia de los países hispanos del continente, pero en Cuba su mensaje redundó a la larga en un nacionalismo a ultranza, sumado a ciertas ínfulas de superioridad – la arrogancia de la pieza más mimada por «la madre patria», la guinda de su pastel, la hija predilecta que anhelaba independizarse pero *la cosa no iba y después sí* (Cisneros 1968: 11), solo para caer bajo el ala del águila estadounidense: una cercanía que, siendo problemática, le confería no obstante un prestigio y una exclusividad que las demás naciones americanas no tenían. La mirada exterior en Cuba era hacia el Norte y no hacia el Sur; el vecino más cercano geográficamente opacaba a todos los vecinos culturalmente más próximos. Recuerdo, a título de anécdota, que en un hotel de Buenos Aires, recién aterrizada en el entonces misterioso reino del exilio, había unas niñas en el *lobby* que me miraban. Yo les devolvía la curiosidad, pues había comprobado que entre ellas hablaban un idioma raro. Aguzaba el oído pero no entendía nada... Resultó que eran peruanas y hablaban castellano. La vocación americanista de Martí no echó raíces en Cuba. Será por la maldita circunstancia del agua y la maldita circunstancia de la madre patria y la maldita circunstancia de las 90 millas que nos acercan al gigante del sombrero de copa y el gran dedo índice.

En cambio, el Apátrida acusa un cosmopolitismo agudo, destino fatal de los cubanos del exilio «histórico» y, posteriormente, por los de la diáspora que se propagó con las sucesivas oleadas migratorias a partir de las crisis del Mariel y del período especial. En uno de sus libros, el

Exislado Iván de la Nuez analiza la fascinación de la izquierda mundial con el castrismo desde la perspectiva de un «hijo de la Revolución», integrante de la generación del Hombre Nuevo. Este «sujeto nacido en (y para) el comunismo» (Nuez 2006: 112), que pudo aprovechar la súbita descolocación general causada en la zona de influencia soviética por el desplome del Muro de Berlín para saltar barreras (mejor dicho, fronteras, o más bien, en su caso, el ancho mar) y caer en alguna capital extranjera, como el D.F., reivindica el hecho de tener una experiencia cosmopolita (envidiado por los «estalinistas tropicales») y «vivir, trabajar, implicarse y crear en ciudades diversas» como París y Miami, Nueva York y México, Moscú y Barcelona (Nuez 2006: 120-121). Su postura, reconoce, es por tanto más irónica que melancólica, puesto que no conoció otra realidad en Cuba y no duda de su preferencia por el destino que a la larga ha sido el suyo. Por su parte, haciéndose eco de otros que como él enfrentaron la prohibición de viajar a eventos culturales pese a contar con invitaciones oficiales de instituciones o gobiernos, Rolando Sánchez Mejías afirma que «el viaje, en nuestro país, es más un *trauma nacional* que un simple expediente legal y topográfico» (1996: en línea). En su mayoría, esos escritores han terminado saliendo del país y viven ahora en lugares como Madrid, Berlín, Praga o Santiago de Chile, incorporados a la diáspora exponencial. Por su parte, Jorge Luis Arcos observa que a partir de la década del noventa, con la eclosión diaspórica, el viaje «ha llegado a ser sinónimo de libertad, lo que solo ocurre en contextos sombríos, totalitarios, cerrados. Curioso también que la isla utópica o paradisíaca haya devenido su reverso; infierno de donde escapar». Y concluye, acertadamente: «El exilio es siempre una fatalidad, la diáspora una aventura del espíritu. Aventura dolorosa sin duda» (Arcos 2007: en línea). Tal vez por eso, el Apátrida, hijo del exilio prolongado, se debate (inútilmente) entre la impotencia y la nostalgia, entre lo que habría que hacer y lo que, sospecha, nunca podrá hacer (restablecer el lugar común, una comunidad basada en el derecho a la diferencia), entre un pasado robado, un presente desterritorializado y un futuro finito, evanescente. Entre el impulso a maldecir a los Déspotas y sus dinastías y la quimera de reunir potencialmente en el suelo común a todos los Letrados e Ilustrados dispersos de esa Isla a la deriva, la Isla sin peso.

Flashback. 1970. Valparaíso. Yo: atípica siempre, contra la corriente, inclasificable. Me mudo a Chile para encontrarme con mi propio conjetural, no borgeano, *destino sudamericano,* participar en la construcción de una sociedad más justa por la vía democrática, tener la opción que no tuve en Cuba –y que Cuba en definitiva no tuvo–, procurármela deliberadamente. Una decisión trascendental, tremenda. Chile: un amor, un idealismo, un salto al vacío. La euforia de esos primeros meses tras la victoria de Salvador Allende me recordaba la utópica gesta parisina de sólo un par de años atrás. Pero la época –guerrillas, guerras grandes, guerra fría– era de secretas o flagrantes injerencias de la CIA, la ITT y otros poderosos brazos del Gobierno estadounidense en América Latina. Tal como se temía, hay golpe militar en Chile, atroz dictadura, exilio para muchos y, para mí, un segundo éxodo de signo políticamente contrario al primero. De regreso *a casa*, en Nueva York, me vuelco a la lucha contra la dictadura pinochetista. Por esa misma época transcurría en Cuba el quinquenio gris, cuyas repercusiones se harían sentir durante toda la década del setenta, y mi temprana adhesión a aquel proyecto que había prometido salvarnos de otra dictadura (batistiana) se iba tornando cada vez más crítica en vista de la restricción de la libertad de expresión, la intimidación de los intelectuales (el caso Padilla) y la creciente sovietización de todos los ámbitos de la vida nacional. Se cruzaron en el tiempo que me tocó vivir dos posiciones, ambas de carácter políticamente acomodaticio: por un lado, el apoyo dado por la izquierda opositora chilena al régimen totalitario cubano, pese a que Chile padecía una cruenta dictadura militar; y, por otro, la posición de la mayor parte del exilio cubano, opuesta a los defensores de la democracia en Chile y simpatizante de la dictadura de Pinochet pese a ser víctima de la dictadura castrista. En mi habitual convivencia con la aporía, me solidarizo con las fuerzas democráticas chilenas y a la vez rechazo el vuelco totalitario dado por la Revolución cubana.

Más allá de todo matiz, hay que reconocer que el mínimo común denominador que une a los que se niegan a la evidencia dictatorial es la admiración por el dirigente criollo –léase caudillo– que en su día sedujo a medio mundo y no sólo osó desafiar al coloso del Norte, sino que lo hizo *con éxito.* Y esto último es precisamente una cuestión (improcedente, dice el Apátrida) que divide ahora mismo a ciertos grupos de cubanos dentro y fuera de Cuba con respecto a si apoyan o no la reanudación de las relaciones diplomáticas y el levantamiento del embargo por los Estados Unidos: la de quién ha derrotado a quién, de quién es la victoria y quiénes se beneficiarán con las eventuales ventajas. Sin embargo, es indudable que estas nuevas perspectivas de la saga cubano-estadounidense tienen una trascendencia que rebasa las ventajas que esos cambios podrían suponer para los cubanos, pues de hecho constituyen el fin del maniqueísmo de las relaciones entre Cuba y los Estados Unidos, aunque no del discurso dual de los Hermanos Siameses, que continúan dando al mundo su fachada reformista y su diatriba beligerante. Pues en la era pro-diplomacia y post-embargo el Déspota Chico no ha hecho sino recrudecer la represión mientras dirige su media sonrisa hacia Washington. ¿Le pondrán condiciones? No hay que hacerse ninguna ilusión, dice el Apátrida: de partida, la palabra «condiciones» no figura en el vocabulario diplomático. Por otra parte, el discurso múltiple de la cubanía regada por el mundo, incluida la Isla, llega a ser cacofónico. Pues como siempre, lo cubano es no estar de acuerdo. Lo cubano es mostrar su arista, el personalísimo matiz irremplazable: ser único, detentar la verdad. Como aquellas incontables estrellas en el cielo del tiempo intergaláctico, sus posturas habrán brillado un instante con luz propia para quemarse en su propio fuego. Y dejar un agujero negro.

La transformación del enemigo en interlocutor y socio comercial y la consiguiente pérdida de credibilidad del discurso antimperialista como punta de lanza del régimen cubano representan también el declive no solo del Mito, sino de la propia revolución como proyecto político, al convertirse en un hecho histórico consumado y dejar de ser un ideal en vías de realización. Sin embargo, ello no significa (aún) el fin de lo que (aplicando el mismo giro lexical utilizado para describir las anteriores dictaduras cubanas, «Machadato» y «Batistato») el Apátrida llama el «Castrato». Más bien, en palabras de un connotado historiador y politólogo latinoamericano, «lo que ahora se inicia es una difícil "transición hacia la transición"» (Mires 2015: en línea). En efecto, el Apátrida (siempre escéptico) teme que, en los tiempos que corren, la Isla se enfrente a una situación de invalidez material y anímica y su población e instituciones difícilmente estén en condiciones de asumir con ecuanimidad y lucidez un desafío de esa magnitud. En su empeño por saber más, consulta a otros expertos de diversa especie y queda bastante espantado con lo que lee, confirmándose sus temores: que (no conformes con la desaparición de los intelectuales) «en Cuba no hay ciudadanos», hay un «quebranto moral», «todo es disimulo, fingimiento...» Y, para colmo, que «el daño ético que ha sufrido la sociedad cubana también está presente en la disidencia. El caudillismo es un mal que nos toca...» (Olivares Baró 2015: en línea). Y la hipocresía es otro, replica el Apátrida, pues todavía hay quienes vociferan contra el levantamiento del embargo a la vez que ya se aprestan a sacar provecho de él. Y a todos éstos dedica una sarta multilingüe de proverbios: *They want to have their cake and eat it too. On veut le beurre et l'argent du beurre.* No se puede tener la chancha y los cinco reales. Con todo –le espeto yo– esa compuerta levadiza dará entrada asimismo a hambrientos tiburones de otros mares, que a la larga conseguirán, no lo dudes, la chancha y también los cinco reales.

Basándose en sus pesquisas, el Apátrida postula que en Cuba la deriva de la Revolución de 1959 hacia el comunismo y la dependencia soviética fue un notorio *no dicho* fundacional cuya repercusión invadió subrepticiamente todos los resquicios del país, desde el interior de los muros cada vez más ruinosos de las ciudades y las formas de vida que transcurrían entre ellos hasta el aliento añejo y la palabra opaca de sus líderes. *Lo indecible*, la acallada realidad cotidiana de esa revolución, se expresaba hasta hace muy poco sólo con gestos: el índice sobre la boca, como en el cuadro liminar de la serie «Muda elocuencia» de Alejandro Häsler (formando –ojo, incautos– con el pulgar, una L que se ha transformado en signo material de la falta de L), o los cinco dedos acariciando la barba inexistente del (o de la) hablante. Esa fijación afásica –con la resultante cultura popular de autocensura anclada en lo indecible– era el mecanismo que debía encubrir la pobreza, irradiante o no, y el atropello a los derechos civiles de un pueblo necesitado sobre todo de buena gobernanza. A partir del período especial, el surgimiento de una incipiente disidencia interna hizo que esa estrategia oficial de lo no dicho empezara a mostrar abiertamente sus contradicciones. Frente a la mala fe de lo no dicho en las cumbres del poder y a las carencias diarias de los no atentos al «murmullo subliminal del Estado» (Sánchez Mejías 1996: en línea), expresar lo indecible contra viento y marea —vale decir, contra censura y represión— es la bandera que la población no muda ha comenzado a enarbolar poniendo a circular su realidad en la calle y en el ciberespacio, exponiéndose a actos de repudio y violencia que deberían remecer la conciencia de aquellos, adentro y afuera, que aún no se atreven a desvincularse del Mito. El Apátrida dice todo esto con pena, pero lo dice. Vale decir. Vale la pena decirlo. Aunque sea indecible.

Flashback. 2015. Aquí y ahora. Se escucha al Apátrida que, al parecer, habla solo, o quizá a otro Apátrida (el Otro, el Mismo): ¿Y la tuya? ¿No apoyaste tú también de buena fe la Revolución mientras lo avaló *tu* conciencia? ¿No éramos pluralistas? ¿No tienen derecho a pensar libremente los que todavía defienden ese proceso agónico o simplemente se allanan a él por conveniencia o miedo? ¿Vamos a aplicar el doble estándar que le criticamos al Déspota Bipolar? En efecto, se llega a un punto en que uno ha de cuestionarse todo lo que piensa, dice o escribe, como manda la auténtica crítica. El Apátrida reflexiona. Relee. Borra. Corrige. Aclara. Responde por allá claro que sí, responde por acá desde luego que no. Una cosa son los Famélicos empeñados en *resolver* lo mejor posible el día a día. Pero ¿cómo considerar a los que se han erigido en gestores inamovibles o en violentos vigilantes de una dictadura que ha dividido y sometido a un pueblo en aras de un modelo ideológico que no supo —y no quiso— aplicar en aras del bien común de toda la nación y que ya no es más que voluntad de poder (y terror a perderlo)? ¿Enemigos o ex amigos? ¿Cómplices u oportunistas? ¿Victimarios o víctimas? ¿Asustados? Precavidos. Cómodos. Cansados. Cautivos. *Pobres diablos*, se decía allá de los débiles de espíritu. El Apátrida suspira hondo: ¡oh desdichado pueblo de Letrados e Ilustrados, *mes semblables, mes frères*!

Es urgente reconocer que ha llegado la hora, a 23 años del Encuentro de Estocolmo, de una «reconciliación en diversidad», al menos de principio, de y entre todos los Famélicos que han vivido en carne propia el desgaste social y político y la decadencia económica de un país que, sin ser perfecto, fue próspero y pluralista, y todos los Apátridas que al partir se abocaron a una vida –o, sin saberlo, a una muerte– en lejanía. Es la hora de la comprensión y compasión para con los que, acá o allá, no hayan matado o reprimido (por ende, hasta para con Cintio), así como para con los que al emprender el propio período especial del exilio dejamos solos, en desventaja numérica e ideológica, a nuestros compatriotas; para con los que, allá o acá, esperamos inertes o cómodos la debacle o el milagro sin hacer nada por promover un cambio real. Así las cosas, ¿quién puede erigirse en juez del otro? Habrá que escarmentar y amar más la libertad, la propia y la ajena. Revivir en cada cubano libre el espíritu (sueco) del Encuentro de Estocolmo. Y en la etapa en que estamos, apostar por que la «moda Cuba» y la apertura económica no sean demasiado devastadoras (en el otro sentido, el del totalitarismo de la Banca, la Técnica y el Mercado).

A la luz del futuro perfecto, cuando la Isla se haya repuesto de su colapso (pasajero, a la luz de la eternidad, y acaso necesario), el Apátrida habrá perdido su lugar común hasta el fin de sus días y ojalá no tenga, como tal, otra oportunidad sobre la Tierra. El Exislado diaspórico habrá esparcido sus genes por todos los rincones del mundo –ojalá mejorando el genoma nacional– y dará lugar a una serie de nuevas etnias cubanas-con-guión, inauguradas, al menos sobre la página, por Gustavo Pérez-Firmat (1994). Así, por ejemplo, los descendientes de Apátridas, Exislados y Famélicos tendrán estatuto de cubano-sueco, cubano-argentina, cubano-belga o cubanorrusa (que a veces se pierde hasta el guión, como manda ahora la voluble Real Academia), tal como en otros tiempos se decía –por razones típicamente colonialistas–, imperio austro-húngaro, humor franco-canadiense, aristocracia castellano-vasca, cultura chimú-mochica, relaciones indo-británicas. El exilio-como-período-especial ha dejado de existir y si hemos de creerle a Orlando Luis Pardo Lazo, Apátrida cubano-islandés, somos ya *todos* parte de un exilio sin exiliados, vamos siendo poco a poco biologías sin biografías, cubanos cadáveres de un borrón y cuenta nueva que está por escribirse. Por mi parte, antes de quedar borrada en alguno de esos estados virtuales, borro autoritarismo, borro corrupción, borro personalismo, borro lengua de trapo, borro represión, borro doble estándar, borro cinismo. Escribo Libertad, escribo Amor, escribo Basta.

El Apátrida vuelve, insiste, interrumpe. Que si el placer, *après tout*, es el motor consustancial del cubano (¿y qué es eso, «el cubano»?); que si la gozadera, la *joie de vivre* (tú sigues insufriblemente afrancesado, chico) es justamente lo que desean todos los taxistas e intelectuales y la gente normal que va a Cuba, que no conoce el imperativo categórico de Kant ni los escrúpulos de Adorno (no me vengas con la *kantaleta* otra vez); que si la motivación ya no será la necesidad sino… ¿Una ética del placer? ¿Una estética ética? O un hedonismo económico, o epicurismo histórico, o materialismo ecléctico: el vital, el carnal, el sexual. ¡Abajo los héroes y los cónsules! exclama ya fuera de sí el Apátrida, prendido a la razón libertaria (que no libertadora, como en «gesta»). Y, una vez más, acaba rendido al sueño: levita, oye voces, ve un puerto, un crucero, mujeres de pamela que desfilan por el Paseo del Prado, sobrevuela la mítica librería de O'Reilly y qué divisa desde el cielo, junto a Letras Cubanas y Unión, Azoteas y Torre de Letras, Ediciones Vigía y Editorial Matanzas: todo el catálogo de Almenara, Bokeh, Verbum, Baquiana, Colibrí, Betania, Linden Lane, Aduana Vieja, Universal, Efory Atocha, Ollantay, Verbo(des)nudo, Deleatur, Iduna, La Torre de Papel, La Gota de Agua, Plaza Mayor y Pliegos, las revistas *Escandalar* y *Enlace* y los 54 tomos de *Encuentro de la Cultura Cubana*[7]. Cuando, descendido, ya salía de allí tarareando *Vereda tropical* despierta sobresaltado al timbre de su celular, que llama de Austria.

Flashback. 2015, finales de la canícula. Hablando de antros de placer, vengo llegando del Festival de Salzburgo y corro a terminar este ensayo. Es increíble cómo la ópera siempre me aclara la película. Y el azar concurrente lezamiano, que no falla. Ayer, para cerrar la temporada, *Ifigenia en Táuride*, ópera de Glück con libreto en francés e inspirada, por vía de otras Ifigenias del siglo XVIII, en la tragedia de Eurípides (414 a.C.). En un sórdido recinto de palacio (en este caso lo atroz fue la *mise-en-scène*) mora Ifigenia, cautiva de Toante, rey de los escitas, y convertida por éste en verdugo de todo griego hecho prisionero por sus tropas a fin de saciar

---

[7] Editoriales y revistas impresas de la Isla y del exilio cubano, entre otras.

la ira de los dioses. Fue inmediato: ese espacio polvoriento y gris, esa escenografía siniestra se me hizo Cuba, la Cuba devastada, violentada, cautiva[8]. Allí a la exquisita Cecilia Bartoli le habían segado su melena y la habían vestido con uno de esos *jogging pants* con tres rayas blancas a lo largo de sendas costuras laterales... que no podía sino recordar la ubicua chaqueta deportiva de un tiranosaurio en retiro. Ifigenia tiene que ajusticiar a los dos griegos recién apresados pero algo la retiene, un sentimiento solidario, un vínculo patrio y más, un vínculo de sangre, en especial con uno de los dos... Decide liberar a ése, pero el otro insiste en que sea él la víctima y esta voluntad se impone. Cuando Ifigenia está a punto de dar muerte al prisionero él la nombra y ella lo reconoce: es Orestes, su hermano. Este reconocimiento mutuo los condena a ambos a ser sacrificados por el tirano, que a su vez empuña el arma para matarlos cuando de pronto es derribado por Pílades, el amigo prófugo, que actúa con la anuencia de los dioses. Vuelvo lentamente en mí: estamos no en Cuba sino en la Grecia antigua.

En este instante sólo resuena en mis oídos la voz de Ifigenia, adelgazada por la duda y el terror; sólo reluce el cuerpo desnudo de Orestes, encarnado por el atlético Christopher Maltman, erecto y luego arrodillado en la sábana blanca extendida a guisa de altar sobre el suelo mugriento. Imagino ahora que esa voz incapaz de ajusticiar, llamada a perdonar, y que ese cuerpo fraterno a punto de ser abatido, salvado por una mano pródiga, son la voz y el cuerpo de Cuba. Comprendo que sólo el restablecimiento del cuerpo íntegro de la nación por medio de la reflexión crítica –la voz de la conciencia y del corazón– y de la catarsis purificadora –la que ilumina la necesidad de reunificar el cuerpo amenazado y de restañar las heridas promoviendo el fin del odio y la violencia como sanación– nos permitiría llegar a expresar lo indecible y desterrar lo no dicho y quizá así recuperar un día aquel soñado y añorado *lugar común*, aunque sólo fuere para los nuestros que vendrán. En la duermevela luminosa que precede a mi despertar, unas palabras retumban en mi

---

[8] Ya en el poema «Viena, Domingo de Ramos» –en *danubiomediterráneo / mittelmeerdonau* (2005)– la autora había encontrado a Cuba en el escenario tropical de un invernadero en el palacio imperial de Schönbrunn. Véase, sobre la idea de Cuba como escenografía, Nuez 2006: 119.

mente como aquellos tambores de mi sueño cubano-africano: restañar el cuerpo mutilado de la nación. Pero los Hermanos Siameses siguen ahí, cada uno en su personal infierno cotidiano, reprimiendo con violencia y dando la otra cara, la cínica, al Presidente, al Empresario, al Pontífice.

En cambio, todos y ninguno de nosotros, Apátridas y Famélicos, somos culpables, y esto es lo que nos salva. Estamos ante la aporía, la puerta angosta.

Ifigenia es la llave. La mano, el golpe de los dioses.

Viena / Santiago de Chile, diciembre de 2015

Bibliografía

Aboy Valldejúli, Carmen (1979): *Cocina criolla*. South Braintree: The Alpine Press.

Aceituno, Roberto (1993): «Sobre lugares y recorridos». En *Utopía(s). Seminario Internacional*. Santiago de Chile: División de Cultura, Ministerio de Educación, 159-160.

Apel, Karl-Otto (1999): «Globalización y necesidad de una ética universal». En *Débats* 66: 48-67.

Arcos, Jorge Luis (2007): «Notas (para una conversación) sobre la diáspora cubana». En *Otro Lunes* 01 (1), mayo: <http://otrolunes.com/archivos/01/html/sumario/este-lunes/este-lunes-n01-a03-p01-200705.html>.

Artaud, Antonin (1964): *Le Théâtre et son double*. Paris: Gallimard.

Bhabha, Homi K. (ed.) (1990): *Nation and Narration*. London / New York: Routledge.

— (1994): *The Location of Culture*. London / New York: Routledge.

Bjornerud, Andreas (1992): «Outing Barthes». En *New Formations* 18: 122-141.

Blanco, María Elena (2001): *Alquímica memoria*. Madrid: Betania.

Borges, Jorge Luis (1974): «Tlön, Uqbar, Orbis Tertius». En *Ficciones. Obras completas*. Buenos Aires: Emecé, 431-443.

Brillat-Savarin, Jean-Anthelme (1826): *Physiologie du goût, ou Méditations de gastronomie transcendante; ouvrage théorique, historique et à l'ordre du jour, dédié aux gastronomes parisiens, par un professeur, membre de plusieurs sociétés littéraires et savantes*. Paris: Garnier.

Cabrera Infante, Guillermo (1992): *¡Vaya Papaya!*. Paris: Le Polygraphe.

Calvino, Italo (1993): *Le città invisibili*. Milano: Mondadori.

Carpentier, Alejo (1962): *El Siglo de las Luces*. México: Cía. General de Ediciones.

CASTILLA, Amelia (2000): «Marta Harnecker llama a luchar contra la «macdonalización». En *El País*, 26 de febrero: <http://elpais.com/diario/2000/02/26/cultura/951519604_850215.html>.

CASTRO, Fidel (1961): «Palabras a los intelectuales». En *Ministerio de Cultura de la República de Cuba*: <http://www.min.cult.cu/loader.php?sec=historia&cont=palabrasalosintelectuales>.

CERVANTES, Miguel de (1980): *El ingenioso hidalgo don Quijote de la Mancha*. Barcelona: Planeta.

CISNEROS, Antonio (1968): «Karl Marx died 1883 aged 65». En *Canto ceremonial contra un oso hormiguero*. La Habana: Casa de las Américas, 11-12.

CLAIBORNE, Craig & FRANEY, Pierre (1984): «Southern Cuisines». En *The New York Times Magazine. Part II: Home Entertaining*, 6 de mayo: 42-46.

COROMINAS, Joan & PASCUAL, José Antonio (1981): *Diccionario crítico etimológico castellano e hispánico*, vol. IV. Madrid: Gredos.

CORRADA, Manuel (1993): «Lenguaje de las utopías, ¿hoy y aquí?». En *Utopía(s). Seminario Internacional*. Santiago de Chile: División de Cultura, Ministerio de Educación, 129-132.

CORTÁZAR, Julio (1968): «Para leer a Lezama Lima». En *La vuelta al día en ochenta mundos*. México: Siglo XXI, 135-155.

CRUZ, sor Juana Inés de la (1979): «Primero sueño». En *Obras escogidas*. Barcelona: Bruguera, 276.

DERRIDA, Jacques (1972): «La mythologie blanche». En *Marges de la philosophie*. Paris: Eds. de Minuit, 247-324.

DÍAZ, Jesús (2000): «Cuba rota». En *El País*, 31 de enero: 13.

DÍAZ INFANTE, Duanel (2009): *Palabras del trasfondo: intelectuales, literatura e ideología en la Revolución Cubana*. Madrid: Colibrí.

DÍAZ MARTÍNEZ, Manuel (2010): «De mi archivo. Reunión de escritores cubanos en Estocolmo». Blog del autor, 10 de enero: <https://diazmartinez.wordpress.com/2010/01/10/de-mi-archivo-reunion-de-escritores-cubanos-en-estocolmo/>.

DIEGO, Eliseo (1993): «Testamento». En *Los días de tu vida*. La Habana: Letras Cubanas, 1993, pág. 80.

ENZENSBERGER, Hans Magnus (2003): «Libertades ciegas. Epílogo a la guerra de Irak». En *El País*, 17 de abril: 13-14.

Escobar, Reynaldo (1997): «Los ángeles perdidos». En *Revista Encuentro de la cultura cubana* 4/5: 67.

Espinosa, Carlos (1986): «Carta». En *Cercanía de Lezama Lima*. La Habana: Letras Cubanas, 370-373.

Fastner, Carsten (1999): «Das Mantra des Auffi-Ummi-Obi». En *Salzburger Nachrichten,* 3 de agosto: 14.

Foucault, Michel (1973): *The Order of Things. An Archaeology of the Human Sciences.* New York: Vintage Books.

— (1984): «What is Enlightenment?». En Rabinow, Paul (ed.): *The Foucault Reader.* New York: Pantheon Books, 32-50.

Fusco, Coco (1997): «Jineteras en Cuba». En *Encuentro de la cultura cubana* 4-5: 53-64.

García, Iván (2011): «Breve examen del "español" habanero. En *Diario de Cuba*, 14 de octubre: <http://ddcuba.com/cultura/7383-breve-examen-de-espanol-habanero>.

García, Luis Manuel (2007): «La isla numerosa». En *Otro Lunes* 1 (1), mayo: <http://otrolunes.com/archivos/01/>.

García Calvo, Agustín (ed. & trad.) (1992): *Poesía antigua (De Homero a Horacio).* Zamora: Lucina.

Gómez de Avellaneda, Gertrudis (2011): «Al partir». En Rodríguez Gutiérrez, Milena (ed.): *Otra Cuba secreta. Antología de poetas cubanas del xix y del xx.* Madrid: Verbum, 59-60.

Góngora, Luis de (1980): «Fábula de Polifemo y Galatea». En Alonso, Dámaso: *Góngora y el «Polifemo»*, vol. III. Madrid: Gredos.

Grau, Olga (1993): «Más allá de todo nombre o verdad». En *Utopía(s). Seminario Internacional.* Santiago de Chile: División de Cultura, Ministerio de Educación, 149-158.

Heidegger, Martin (1954): «Dichterisch wohnet der Mensch...». En *Vorträge und Aufsätze.* Pfullingen: Günter Neske, 191-208.

Hernández Busto, Ernesto (2007): «El viaje frustrado de Cintio Vitier». En *Penúltimos días,* 12 de enero: <http://www.penultimosdias.com/2007/01/12/el-viaje-frustrado-de-cintio-vitier/>.

— (2009): «Cintio Vitier: una meditación fúnebre». En *Penúltimos días,* 2 de octubre: <http://www.penultimosdias.com/2009/10/02/cintio-vitier-una-meditacion-funebre/>.

Homero (1963): *La Odisea*. Barcelona: Iberia.

Kant, Immanuel (1991): *The Contest of the Faculties*. En Reiss, Hans (ed.): *Kant: Political Writings*. Cambridge: Cambridge University Press.

— (1994): *Idée d'une histoire universelle. Qu'est-ce les Lumières?* Paris: Nathan.

— (1996): *Critique of practical reason*. New York: Prometheus Books.

Kozer, José (2015): «Nota para una cierta poesía latinoamericana actual». En *Revista Chilena de Literatura* 89, abril-mayo: 305-307.

Kristeva, Julia (1976): *Ensayos de semiótica poética*. Barcelona: Planeta.

Labarca, Eduardo (1998): «El no cubano». En *Encuentro de la cultura cubana* 10: 31-34.

Lacan, Jacques (1970): *Las formaciones del inconsciente*. Buenos Aires: Nueva Visión. págs. 63-124.

Lezama Lima, José (1959): «Corona de las frutas». En *Lunes de Revolución*, 21 de diciembre: 22-23.

— (1992): «Corona de las frutas». En *Imagen y posibilidad*. La Habana: Letras cubanas, 138-142.

— (1993): *La expresión americana*. La Habana: Letras Cubanas.

Lledó, Emilio (1999): «Lenguaje, poesía y amor». En *La vanguardia*, 30 de julio: <http://hemeroteca.lavanguardia.com/preview/1999/07/30/pagina-6/34464151/pdf.html>.

Man, Paul de (1991): *Visión y ceguera: ensayos sobre la retórica de la crítica contemporánea*. Río Piedras: Ediciones de la Universidad de Puerto Rico.

Martí, José (1993): *Poesía completa*. Vol. I. La Habana: Letras Cubanas.

Martínez Villena, Rubén (1972): *Órbita de Rubén Martínez Villena*. La Habana: Instituto Cubano del Libro.

Mattéi, Jean-François (1983): *L'Étranger et le Simulacre*. Paris: Presses Universitaires de France.

Méndez Martínez, Roberto (2014): «Cintio Vitier a un lustro de su tránsito». En *IPS Cuba*, 28 de octubre: <http://www.ipscuba.net/espacios/la-esquina-de-padura/la-buena-memoria/cintio-vitier-a-un-lustro-de-su-transito/>.

Mires, Fernando (2015): «El fin del mito de la revolución cubana». En *El Mostrador*, 31 de agosto: <http://www.elmostrador.cl/noticias/opinion/columnas/2015/08/31/el-fin-del-mito-de-la-revolucion-cubana/>.

Pérez Firmat, Gustavo (1994): *Life on the hyphen: the Cuban-American way.* Austin: University of Texas Press.

Monsivais, Carlos (1993): «Utopías y cruces culturales». En *Utopía(s). Seminario Internacional.* Santiago de Chile: División de Cultura, Ministerio de Educación, 189-199.

Montaigne, Michel de (2004): «De la vanité». En *Les Essais.* Paris: Presses Universitaires de France, 945-1001.

Montero, Oscar (1991): «El "compromiso" del escritor cubano en 1959 y la "Corona de las frutas" de Lezama». En *Revista Iberoamericana* 154: 33-42.

Nuez, Iván de la (2006): *Fantasía roja. Los intelectuales de izquierdas y la revolución cubana.* Barcelona: Debate.

Núñez Jiménez, Antonio (1989): *El Almirante en la Tierra Más Hermosa. Los viajes de Colón a Cuba.* Cádiz: Diputación Provincial de Cádiz.

Ocampo, Victoria (1924): *De Francesca a Beatrice.* Madrid: Biblioteca de la Revista de Occidente.

Olivares Baró, Carlos (2015): «Entrevista al periodista independiente Dimas Castellanos». En *Cubaencuentro*, 24 de agosto: <http://www.cubaencuentro.com/entrevistas/articulos/entrevista-al-periodista-independiente-dimas-castellanos-323479>.

Oller, Víctor L. (1999): «Entrevista a George Tabori». En *La Vanguardia*, 1 de agosto: 51.

Ordaz, Pablo (2014): «La cultura es la capacidad crítica de no creerse el centro del mundo» [entrevista a Claudio Magris]. En *El País*, 27 de noviembre: <http://cultura.elpais.com/cultura/2014/11/27/actualidad/1417125974_227525.html>.

Ortiz, Fernando (1985): *Nuevo catauro de cubanismos.* La Habana: Editorial de Ciencias Sociales.

Oyarzún, Pablo (1993): «Lengua, lugar, abismo». En *Utopía(s). Seminario Internacional.* Santiago de Chile: División de Cultura, Ministerio de Educación, 161-167.

Pascal, Blaise (1961): *Pensées.* New York: Doubleday.

Pérez, Fernando (1993): «Comentario a Francisco Brugnoli». En *Utopía(s). Seminario Internacional.* Santiago de Chile: División de Cultura, Ministerio de Educación, 105-108.

Pérez Firmat, Gustavo (1994): *Life on the hyphen: the Cuban-American way*. Austin: University of Texas Press.

— (1999): «Cuba sí, Cuba no. Querencias de la literatura cubano/americana». En *Encuentro de la cultura cubana* 14: 131-137.

Pichardo, Esteban (1985): *Diccionario provincial casi razonado de vozes y frases cubanas*. La Habana: Editorial de Ciencias Sociales.

Ponte, Antonio José (1997): *Las comidas profundas*. Angers: Deleatur.

Portela, Ena Lucía (1999): «Literatura vs lechuguitas. Breve esbozo de una tendencia». En Vázquez Díaz, René: *Cuba: voces para cerrar un siglo (I)*. Estocolmo: Centro Internacional Olof Palme, 70-79.

Prieto, José Manuel (2009): «La revolución cubana explicada a los taxistas». En *Letras Libres*, enero: <http://www.letraslibres.com/sites/default/files/pdfs_articulospdf_art_13484_12177.pdf>.

Quevedo, Francisco de (1971): «La culta latiniparla». En *Sátiras políticas y literarias*. Madrid: E.M.E.S.A, 163-164.

Quintero, Tania (1997): «Desde La Habana». En *Encuentro de la cultura cubana* 3: 41.

Ricoeur, Paul (1975): «Métaphore et discours philosophique». En *La métaphore vive*. Paris: Seuil, 323-399.

Rojas, Rafael (1998): *El arte de la espera*. Madrid: Colibrí.

— (1999): «Diáspora y literatura. Indicios de una ciudadanía postnacional». En *Encuentro de la cultura cubana* 12/13: 136-146.

Rorty, Richard (1998): «Utopías globales, historia y filosofía». En *Pensamiento de los confines* 1: 113-118.

Sánchez Mejías, Rolando (1996): «Carta abierta a los escritores cubanos». En *El País*, 13 de febrero: <http://elpais.com/diario/1996/02/13/cultura/824166022_850215.html>.

Sánchez, Yoani (2013): «El mito». En *El País*, 26 de marzo: <http://blogs.elpais.com/cuba-libre/2013/03/el-mito.html>.

Sarduy, Severo (1969): *Escrito sobre un cuerpo*. Buenos Aires: Sudamericana.

— (1974): *Barroco*. Buenos Aires: Sudamericana.

— (1993): *Un testigo perenne y delatado*. Madrid: Hiperión.

Sloterdijk, Peter (1987): *Critique de la raison cynique*. Paris: Christian Bourgeois Éditeur.

Todorov, Tzvetan (1999): *El jardín imperfecto*. Madrid: Paidós.

Triana, José (1997): «José Triana entrevisto: *Siempre fui y seré un exiliado*» [entrevista de Christilla Vasserot]. En *Revista Encuentro de la cultura cubana* 4/5: 33-45.

Urrutia Randelman, Mary & Schwartz, Joan (1992): *Memories of a Cuban Kitchen*. New York: Macmillan.

Vela del Campo, Juan Ángel (1999): «La Fura festeja el eclipse con un "espectáculo cosmológico" en Salzburgo y Múnich». En *El país*, 10 de agosto: <http://elpais.com/diario/1999/08/10/cultura/934236007_850215.html>.

Vicuña, Miguel (1993): «Anatopía de la transgresión». En *Utopía(s). Seminario Internacional*. Santiago de Chile: División de Cultura, Ministerio de Educación, 135-141.

Villegas, Beltrán (1993): «El "temple histórico" de la esperanza cristiana». En *Utopía(s). Seminario Internacional*. Santiago de Chile: División de Cultura, Ministerio de Educación, 315-318.

Vitier, Cintio (1975): Ese sol del mundo moral: para una historia de la eticidad cubana. México: Siglo XXI.

Algunos de los textos que componen este libro habían aparecido ya en publicaciones periódicas. Es el caso de «Devoraciones» (1998, en *Encuentro de la cultura cubana* 10, otoño: 45-59); de «De utopías y Cuba» (1999, en *Crítica. Revista cultural de la Universidad Autónoma de Puebla* 78, octubre-noviembre: 76-94); de «Del lugar común» (2002, en *Crítica. Revista cultural de la Universidad Autónoma de Puebla* 90, diciembre 2001-enero 2002: 35-51); de «Viaje por la vitrina vienesa de vigía» (2006, en *Encuentro de la cultura cubana* 39, invierno de 2005-2006:); y de «Sueño cubano en África», que se publicó originalmente en dos partes (2001, en *Encuentro en la red*, 16 de febrero y 20 de febrero: <http://arch.cubaencuentro.com/desde/2001/02/16/1160.html> y <http://arch.cubaencuentro.com/desde/2001/02/20/1181.html>, respectivamente). En cambio, «De déspotas e ilustrados (Kant, kynismo, Kuba)» y «Del exilio como período especial. Notas sobre una trayectoria barroca, andina, estructuralista, tropical» se publican aquí por primera vez.

La traducción de las citas cuya fuente figura en la bibliografía en alguna lengua distinta del español es mía en todos los casos.

María Elena Blanco

www.ingramcontent.com/pod-product-compliance
Lightning Source LLC
Chambersburg PA
CBHW020418230426
43663CB00007BA/1222